Giuseppe Terragni 1904–1943   Modelle einer rationalen Architektur

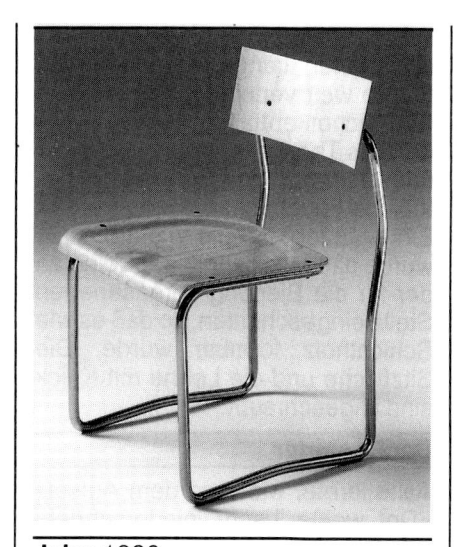

Jahr: 1936
Designer: Giuseppe Terragni
Modell: Lariana
Material: Gestell Inox-Stahlrohr. Sitz, Lehne, Buchensperrholz, naturfarbig oder schwarz gebeizt
Maße: B 45. T 56. H 79. SH 43
Hersteller: Zanotta, Mailand

Giuseppe Terragni
* Meda (Mi.),
18. April 1904
† Como,
19. Juli 1943

Giuseppe Terragni
Modelle einer rationalen Architektur

Herausgegeben von Jörg Friedrich und Dierk Kasper

Niggli

Redaktion	J. Christoph Bürkle, Frank Otto, Frederike Putz
Gestaltung	Urs Stuber, Frauenfeld, Schweiz
Digitale Rekonstruktion der Grundrisse	Frank Otto
Satz, Lithos und Druck	Heer Druck AG, Sulgen, Schweiz
Bindearbeit	Brülisauer Buchbinderei AG, Gossau, Schweiz
Copyright	© 1999 by Verlag Niggli AG und Autoren 3. Auflage, 2003 CH-8583 Sulgen Printed in Switzerland ISBN 3-7212-0343-7

7	**Giuseppe Terragni im Deutschen Architektur Zentrum Berlin**
	Andreas Gottlieb Hempel
9	**Weißes Haus auf schwarzem Grund**
	Jörg Friedrich und Dierk Kasper
17	**Schöne Vernunft**
	Häuser des Rationalisten Giuseppe Terragni
	Manfred Sack
21	**Rationalismus und «Città Metafisica»**
	Typologien der italienischen Moderne
	J. Christoph Bürkle
41	**Die Architekturmodelle**
	Danteum
	Appartamenti Novocomum
	Albergo Posta
	Villa al mar o sul lago
	Casa sul lago per l'artista
	Casa Ghiringhelli
	Casa Toninello
	Casa Rustici
	Casa Rustici-Comolli
	Casa Pedraglio
	Villa sul lago
	Villa del floricultore
	Villa Bianca
	Casa Giuliani-Frigerio
	Casa d'affito, Cernobbio
	Asilo Sant'Elia
	Palazzo Littorio
	Casa del Fascio, Lissone
	Casa del Fascio, Como
85	**Die Wirklichkeit des Raumes**
	Casa del Fascio, Como, 1932–1936
	Fotos von Klaus Frahm
95	**Anhang**

Giuseppe Terragni im Deutschen Architektur Zentrum Berlin

Es war ein Glücksfall, daß die Ausstellung* Giuseppe Terragni, Rationale Architektur 1927–1938, im Deutschen Architektur Zentrum DAZ im Sommer 1998 gezeigt werden konnte. Für viele Berliner Architekten war es nämlich eine große Enttäuschung, daß die imposante Wanderausstellung zu Giuseppe Terragni, die 1996 in Mailand anläßlich der Triennale präsentiert wurde und seither im europäischen Ausland gezeigt wird, nicht auch in Deutschland beziehungsweise Berlin zu sehen war. Für all jene, die diese breit angelegte Präsentation in Mailand in Augenschein nehmen konnten ist klar, daß damit eine einmalige Chance vertan war, eine gerade in Deutschland immer wieder aufflammende und sich am Baugeschehen der Stadt Berlin entzündende Diskussion um die Architektur jener Jahre wiederaufzunehmen.

Gemeint ist die Ambivalenz dieser Architektur, die sich auf den Zusammenhang von politischer und architektonischer Kultur bezieht und die dringend vor dem Hintergrund der Geschichte des 20. Jahrhunderts diskutiert werden muß. Die Möglichkeit zu einer freien und kritischen Auseinandersetzung wurde durch das Versäumnis, die Mailänder Schau in Deutschland zu zeigen, vergeben. Der Beginn einer wirklichen Debatte fand leider schnell im «Berliner Architekturstreit» um Stein oder Glas ein klägliches und folgenloses Ende. Gemeint ist die oftmals diffamierend ideologisch aufgeladene Diskussion um eine der Zeit angemessene Architektursprache, die sich vor allem an der Bebauung der Friedrichstadt entzündete. Die Begriffe «Neuteutonia», «Steinernes Berlin» und «Kritische Rekonstruktion» bildeten dabei die Folie eines Architekturstreites an der Oberfläche.

---

* Giuseppe Terragni, Rationale Architektur 1927–1938
   Deutsches Architektur Zentrum
   26. Mai–16. August 1998
   Köpenicker Straße 48/49
   D-10179 Berlin

Doch die Architekten bauen weiter; und sie sind zunächst einmal ihrem Metier verpflichtet, das sie in der Vorphase einer jeden Realisierung mit Modellen und Zeichnungen zur Anschauung bringen müssen. Gerade deshalb war diese Ausstellung zu begrüßen, da sie Gelegenheit gab, sich über die Anschauung von Modellen, ergänzenden Texten und Bildern den architektonischen Qualitäten einer Baukultur zu nähern, die mit Giuseppe Terragni allerdings in das ideologische Fahrwasser des italienischen Faschismus geriet. Dies jedoch ohne das Metier, die Kunst des Ordnens und Zusammenfügens der Konstruktion und ohne die formbestimmenden Elemente der Gesamtstruktur aus dem Auge zu verlieren, um so eine auf der Höhe seiner Gegenwart erscheinende Architektur zu entwerfen. Eine Architektur, die das entsprechende Bild der Epoche nachhaltig prägt und eine Zeitgenossenschaft im Sinne des damals kulturell Möglichen bezeugt.

In der haptischen und handwerklichen Qualität der Modelle, die eine klare Anschauung dieser die Architektur generierenden Momente ermöglicht, liegt das Verdienst der von Studierenden an der Fachhochschule Hamburg, Fachbereich Architektur unter der Leitung ihrer Professoren erarbeiteten Ausstellung. Es bietet sich erstmals die Gelegenheit, die konstruktiven und bildhaften, die poetischen und rationalistischen Qualitäten einer Architektur zu untersuchen, die sich jenseits der ideologischen Aufladungen und Bedeutungen als gebaute Wirklichkeit auch ästhetisch behaupten muß. Erst auf der Folie einer solchen Untersuchung, die den Gegenstand als Anlaß eines Ideologiestreites nicht aus dem Auge verliert, läßt sich auch unvoreingenommen über die ideologischen Verstrickungen derer streiten, die diese Qualitäten in den Diskurs über das architektonische Projekt der Moderne in den zwanziger und dreißiger Jahren unseres Jahrhunderts eingebracht haben.

Dieser Aufgabe nahm sich das Deutsche Architektur Zentrum mit der Ausstellung angesichts der oben beschriebenen Debatte an. Sie war ein Anlaß, die Strömungen der Architektur dieses Jahrhunderts am Ende unseres Dezenniums neu zu bewerten, indem sie sich einer wichtigen Phase der jüngeren Architekturgeschichte annäherte und das Werk eines exponierten Vertreters dieser Zeit zur Diskussion stellte. Damit verbunden ist auch der ausdrückliche Dank an alle Beteiligten, die zur Realisierung der Ausstellung im Deutschen Architektur Zentrum beigetragen haben.

Andreas Gottlieb Hempel
Deutsches Architektur Zentrum DAZ Berlin

... wie haben wir uns das immer Seiende, welches kein Werden zulässt,
und wie das immer Werdende zu denken, welches niemals zum Sein gelangt?
Platon

Weißes Haus auf schwarzem Grund

«Wie dieses 20. Jahrhundert verlassen, das nicht aufhört, uns mit seinem Zeitgeist zu verkleben?» Mit dieser Frage beginnt Lucien Kroll seinen Artikel «Aus dem Tagebuch eines wilden Denkers» (Daidalos 59, März 1998). «Der war so dominant, daß er nicht nur den offiziellen Edelmut und die industrielle Kriminalität geprägt, sondern auch endgültig die bewohnte Landschaft entstellt hat, indem er vorgab, ihr mit dem Mittel der Rationalität zu helfen.»

Die Architektur wurde vom Zeitgeist aus der Baukunst ins Baugeschäft katapultiert. Die Technokraten kennen keine unlösbaren Probleme mehr. Wir sollten uns hingegen immer wieder ins Bewußtsein rufen, daß die Architekturgeschichte von künstlerischen Persönlichkeiten geprägt wurde, wie Alvar Aalto, Le Corbusier und Mies van der Rohe, die Strömungen in Gang setzten.

Auf dem CIAM-Kongreß 1933 in Athen trafen Giuseppe Terragni und andere Vertreter des Rationalismus mit Le Corbusier zusammen, der, nach dem Tode Terragnis, dessen Arbeiten öffentlich würdigte. Walter Gropius schrieb den Rationalisten in den dreißiger Jahren Glückwunschkarten für ihre gelungenen Ausstellungen in Italien. Als einer der führenden Vertreter dieser Richtung war Terragni außerhalb Italiens bekannt und angesehen, innerhalb Italiens war er für Mussolini der Avantgardearchitekt schlechthin. Wurde sein Werk deshalb totgeschwiegen, geriet er deshalb in Vergessenheit? Warum, so stellt sich die Frage, zieht sein Werk seit einigen Jahren eine erhöhte Aufmerksamkeit auf sich? Die Ambivalenz der Persönlichkeit Giuseppe Terragnis, seine Spaltung zwischen dem anspruchsvollen architektonischen Werk einerseits und der politischen Verstrickung andererseits lassen eine eindeutige Antwort nicht zu. Es gab sehr gegensätzliche Interpretationen, bis hin zur völligen Negierung seines Werkes.

Es ist ein Anliegen der vorliegenden Publikation, Terragnis herausragende architektonische Qualität an rekonstruierten Modellen seines Werkes sichtbar zumachen, aber auch zum Nachdenken anzuregen über den Einsatz von Architektur als ideologischem Werkzeug eines politischen Regimes und die Frage zu stellen, nach welchen Kriterien diese Architektur zu bewerten ist. Einfacher, so scheint es, konnten die Amerikaner mit dieser Fragestellung umgehen. Peter Eisenman öffnete in den siebziger Jahren mit einer eher formalistisch orientierten Terragni-Rezeption einer unbefangeneren Annäherung an das Werk den Weg. Seit dieser Zeit wird der Mythos des früh verstorbenen Terragni, den Jean-Paul Robert in seinem Vorwort zur

Terragni-Ausgabe in Architecture d'Aujourd'hui im April 1995 ausführlich erläutert, freier diskutiert. Die große Terragni-Ausstellung auf der Triennale in Mailand 1996 gab ein neues Bild zum Stand der veränderten Diskussion.

Die – nunmehr in der dritten Auflage – vorliegende Publikation geht zurück auf eine Reihe von Lehrveranstaltungen von Jörg Friedrich und Dierk Kasper. Geforscht wurde zunächst über die Wirkung und Bedeutung der Architektur der dreißiger Jahre auf eine junge Architektengeneration. Stärker rückten dann die direkte Erforschung und Rekonstruktion der oft lückenhaft dokumentierten Architektur der italienischen Rationalisten in den Vordergrund der Untersuchungen. Die vorliegende Publikation dokumentiert einen großen Teil der Rekonstruktionen und Arbeitsergebnisse, die daraufhin auch in verschiedenen Architekturzentren und Museen in Deutschland, als Wanderausstellung konzipiert, einer breiteren Öffentlichkeit zugänglich gemacht werden konnten.

Wie konnte Terragni eine Architektur entwerfen, insbesondere für die Repräsentationsbauten des faschistischen Regimes, die nicht in bombastischer und leerer faschistischer Rhetorik mündete, mit dem heroischen und erdrückenden faschistischen Hang zur Monumentalität? Terragnis Projekte sind – ganz im Sinne der Moderne – reine Architektur, eher kleinmaßstäblich angelegt, subtil im geschichtlichen und städtebaulichen Kontext, in dem sie stehen, integriert. Offensichtlich konnte der Architekt Terragni seine kreative Freiheit behalten, obwohl er diese als politischer Mensch, als überzeugter Faschist in keiner Weise für sich beansprucht hatte. Die Architektur Terragnis hat ihr Gleichgewicht, ihre Aussage und ihre Wahrheit in der «Architettura» selbst gefunden und damit die Zeit überlebt, für die sie geplant war. Dem Tessiner Architekten Luigi Snozzi war im Herbst 1997 eine Werkausstellung der Freien Akademie der Künste in Hamburg gewidmet. Anläßlich eines Gastvortrages auf die Terragni-Rezeption angesprochen, formulierte Luigi Snozzi sinngemäß: Es sei das Bekenntnis zum Ideal der Architektur der Moderne, das Giuseppe Terragni vom Rhetoriker Albert Speer und dessen Machtarchitektur unterscheide. Natürlich seien wir, die Intellektuellen, traurig zu wissen, daß Giuseppe Terragni Faschist war. Hierin liege eine große Tragik, ein Konflikt. Dennoch sei er ein großer Architekt gewesen.

Epochen der Architekturgeschichte, in Vorlesungen und Seminaren einmal mehr betrachtet unter dem Spannungsbogen zwischen Rationalität und Irrationalität, sind nichts

a

Ungewöhnliches. Daß die Begegnung mit der rationalistischen Architektur im 20. Jahrhundert, die Auseinandersetzung mit Architektur und Ideologie des Faschismus einen breiten Raum einnimmt, ist unabdingbar. Damit nicht nur der italienische Architekt Giuseppe Terragni, als führender Vertreter dieser Richtung in den dreißiger Jahren des 20. Jahrhunderts in Italien im Mittelpunkt der Lehrveranstaltungen von Jörg Friedrich und Dierk Kasper stand, wurden in die Analyse auch andere rationalistische Architekten im Umkreis Giuseppe Terragnis, wie Cesare Catteaneo mit seinem Projekt in Cernobbio, einbezogen. Dennoch war es die Beschäftigung mit dem Werk Giuseppe Terragnis, die bei den Studierenden in einem Maße Interesse weckte, daß wir erstaunt waren.

Was fasziniert an seinem Werk? Es wurde Terragnis Projekten in der «Gruppo Sette» nachgespürt, seine Planungsunterlagen von Projekten, Bauten rekonstruiert, gezeichnet und Informationen aufgearbeitet. Über 150 Studentinnen und Studenten arbeiteten in einem grundsätzlich einheitlichen Maßstab (1:50) nahezu diabolisch an immer komplizierter und perfekter werdenden Modellrekonstruktionen. Die Wirkung der architekturgeschichtlichen Rezeption Terragnis war groß. Lehrende und Studierende trafen sich in Mailand und Como, aus der Begegnung mit Zeichnungen, Briefen, Originalquellen wurde eine Bekanntschaft mit der dreidimensionalen Welt der Architektur von Giuseppe Terragni vor Ort. Mit der Rekonstruktion des ungebaut gebliebenen Danteums im Maßstab 1:20 wurde das Maß eines zunächst theoretisch und architekturgeschichtlich ausgelegten Projektes endgültig gesprengt. Großen Dank sagen wir unserem Kollegen Peter Stürzebecher, der bei alledem inspirierende Kraft war, aufgeschlossen und strukturierend.

Parallel zur Publikation wurden die Arbeitsergebnisse zu einer Wanderausstellung zusammengefaßt. Gezeigt wurde die Ausstellung in Hamburg, Berlin (Deutsches Architekturzentrum), in Frankfurt (Deutsches Architekturmuseum) sowie in Nürnberg, München und in Gelsenkirchen. Die Ausstellungskonzeption und ihre Realisierung war als Diplomarbeit an einem Fachbereich für Architektur ein Experiment. Von der Entwurfskonzeption bis hin zur Schlußabrechnung durchlebten die Diplomanden sämtliche Phasen des Architekturberufes. Es blieb ihnen nichts erspart. Als Betreuer der Diplomarbeit können wir nur unvollständig die Widernisse und Beinahe-Katastrophen beschreiben, die während der Realisierung fortlaufend entstanden. Die Diplomanden entwickelten unter Anleitung die Ausstellungskonzeption, das Design vom

a Giuseppe Terragni in Zusammenarbeit mit Pietro Lingeri:
Danteum 1938, Modell Rekonstruktion Maßstab 1:20

b Cesare Cattaneo: Casa d'affito, Cernobbio 1938–39,
Ausstellungsmodell

Ausstellungsstuhl bis zur Lampe, von den ausziehbaren Modellpräsentationstischen bis hin zum Veranstaltungsstempel.

Unser Dank geht an die Diplomanden Jan Mollowitz und Jörg Bornholdt und an alle beteiligten Studierenden, die durch ihre unermüdliche Mitarbeit die Publikation und Ausstellung realisieren halfen und die mit ihren Beiträgen zur Bewältigung der Aufgabenstellung beigetragen haben. Ebenfalls danken möchten wir J. Christoph Bürkle für seinen Beitrag zum Thema «Rationalismus und ‹Città Metafisica› – Typologien der italienischen Moderne», der klärend den Widerspruch von Werk und politischer Stellung aufgriff, in einen neuen Zusammenhang setzte und nunmehr in erweiterter Fassung in dieser Publikation erscheint. Unser Dank geht an die Fachbereiche Architektur der Hochschule für angewandte Wissenschaften in Hamburg und der Universität Hannover. Dank sagen wir Hellmuth Essen, der die Publikation unterstützte, Dank an das italienische Generalkonsulat und das Istituto Italiano di Cultura Hamburg, die die Schirmherrschaft übernommen hatten, sowie an die Terragni-Stiftung in Como, die uns erste Informationen zur Verfügung stellte. Manfred Sack sind wir für seinen Katalogbeitrag besonders dankbar.

Den Fotografen Klaus Frahm, Take und Heiner Leiska, alle aus Hamburg, sind wir zu großem Dank verpflichtet. Sie waren von der Qualität des Materials so angetan, daß sie ihre Aufnahmen für die vorliegende Publikation zur Verfügung stellten. Klaus Frahm überließ uns darüber hinaus Fotos der «Casa del Fascio» in Como, die eine Gegenüberstellung der Modellkonstruktion mit seiner persönlichen Sicht der real noch existierenden Architektur Giuseppe Terragnis ermöglichen. Unser Dank geht weiterhin an den Präsidenten des Fördervereins Deutsches Architektur Zentrum Berlin, Andreas Gottlieb Hempel, an dessen Kuratorin Sybille Fanelsa, dessen Gastkurator Martin Kieren sowie an den Bund Deutscher Architekten, Bonn, mit seinem Geschäftsführer Carl Steckeweh – sie alle unterstützten Publikation und Ausstellung großzügig.

Frederike Putz, Frank Otto, Jean Pommée und Benjamin Poppe danken wir für die redaktionelle Betreuung der Publikation. Wir bedanken uns bei Urs Stuber, dem Gestalter, wie auch beim Niggli Verlag für das entgegengebrachte Engagement ebenso wie bei der großen Zahl der Helfer, Unterstützer, Sponsoren, die wir nicht einzeln nennen können. Ihrem Engagement ist es zu danken, daß das Terragni-Projekt, das am Fachbereich Architektur der

a

a   Ausstellungsbeleuchtung L8
    Durchmesser 100/35 VA/8°;
    schwenkbar um beide Achsen
    Entwurf: Jan Mollowitz

b   Stempel S1 zur Ausstellung in Hamburg
    Format 70×50 mm
    Entwurf: Sven Pfeiffer, Frederike Putz

c   Modelltisch T5
    Brettschichtholz auf Stahlunterkonstruktion
    Tischplatte ist geteilt und ausziehbar,
    um die Schnittmodelle darzustellen
    Länge: 87 cm, ausziehbar auf 107 cm;
    Breite: 62 cm; Höhe: 95 cm
    Entwurf: Jan Mollowitz

d   Stuhl S100 zum Workshop in Hamburg
    MDF-Platte auf Papprohr
    Durchmesser: 320, Höhe: 500
    Stuhl als Säule – Säulenraum Danteum
    Entwurf: Jörg Bornholdt, Jan Mollowitz

    Fotos: Studio Take, Hamburg

Hochschule für angewandte Wissenschaften Hamburg gemeinsam mit der Universität Hannover konzipiert wurde, in der vorliegenden Publikation als überarbeitete dritte Auflage überhaupt erscheinen konnte.

In der Publikation, so hoffen wir, wird die zeitübergreifende architektonische Qualität an den rekonstruierten Modellen des Werkes von Giuseppe Terragni sichtbar. Die Publikation möge deshalb zu einer kritischen Auseinandersetzung mit dem Thema beitragen. Das brave Abarbeiten ideologischer Grundpositionen und die damit verbundene Aburteilung einer in Ideologien verstrickten Architektur sind nicht allein der Schlüssel zur architekturgeschichtlichen Bewertung der Werke von Giuseppe Terragni. Es lohnt nicht, zu wenig zu denken, zu gehorsam und damit zu langweilig, zu brav, zu ordentlich zu denken. Es passiert nichts, wenn man es sich nicht zum Ziel macht, daß etwas passieren möge.

Jörg Friedrich und Dierk Kasper
Hamburg, Januar 2003

a   Plakat zur Hamburger Ausstellung 1997,
    Entwurf: Marc Roman Busch, Anne Reiche

b   Blick in die Halle des Phoenixhofs, Hamburg

c   Blick von der Galerie

d   Blick in die Halle, im Vordergrund das Danteum

e   Ausstellungsmodelle

f   Giuseppe Terragni,
    Monumento ai caduti di Como, 1931–33,
    Prospettiva dell' allestimento per
    il giorno dell' inaugurazione
    (Bildnachweis: opera completa S.101)

b

c

d

e

f

Schöne Vernunft
Häuser des Rationalisten Giuseppe Terragni

Vor zwanzig Jahren gehörte noch Mut dazu, so jemanden wie Giuseppe Terragni für seine elegante strenge Architektur zu preisen. Denn er war ganz zweifellos einer der großen, in Italien womöglich der größte Meister der von uns inzwischen klassisch genannten Moderne, aber eben auch ein Faschist, der seine Mitgliedschaft in Mussolinis Partei niemals geleugnet hatte. Das ist natürlich verständlich; wer sähe die Heroen unserer Kultur nicht am liebsten im Blütenweiß moralischer und politischer Integrität strahlen. Doch ganz allmählich tastete man sich zu diesem außerordentlichen Talent durch; vor sieben Jahren erschien erst in Großbritannien, kurz darauf auch hierzulande eine englisch geschriebene Monographie über ihn – und nun hatten ihn sich sogar Studenten der Hamburger Fachhochschule zum Thema gemacht. Im November 1997, gegen Ende des langen, an Vorträgen, Ausstellungen, Debatten überreichen zweiten «Hamburger Architektursommers», wurde ihr Ergebnis präsentiert, mit über zwanzig Modellen in einem ehemaligen Altonaer Industriebau, dem imposanten Phoenixhof.

Betreut von ihren Professoren hatten sich Studierende den für seine Architektur bewunderten, für seinen faschistischen Eifer ebenso verwünschten Italiener Giuseppe Terragni (1904–1943) vorgenommen. Sie näherten sich dem wohl begnadetsten Apologeten der Moderne in Italien auf eine namentlich für sie sehr lehrreichen Weise, indem sie gut zwanzig seiner Bauwerke, sowohl gebaute wie Entwurf gebliebene, in großen, in der Mitte auseinanderzuziehenden Modellen im Maßstab 1:50 nachbauten, infolgedessen bis ins Detail studierten.

Diese Arbeit war nicht zuletzt deswegen so erstaunlich, weil an dem Projekt insgesamt weit über hundert Studierende mitgewirkt und mitgelernt haben. Sie erinnerte an eine – in Hamburg unbekannt gewesene – Anstrengung des weiland Münchner TU-Professors Friedrich Kurrent, der seine Studenten die wichtigsten Bauwerke unseres Jahrhunderts hatte nachbauen lassen, damit sich ihnen die dritte Dimension erschließe und ihr Blick für Raumproportionen und Architekturdetails trainiert werde. Genau dies war nun also auch in Hamburg geschehen. Wer vor den puppenstubengroßen Gebäuden stand, wurde zuerst von kindlichem Staunen beschlichen, ehe der Intellekt sich durch die bis in die Fenstersprossen reichende Präzision der Modellbauer herausgefordert fühlte. Das öffentliche Ereignis aber war die so lange umgangene, überaus eindringliche Bekanntschaft mit dem epochalen, in nur dreizehn Jahren entstandenen Werk dieses Architekten. Giuseppe Terragni war, wie man weiß, ein Protagonist des italienischen Rationalismus, der seine Anregungen viel strenger, aber auch phantasievoller als die übrige klassische Moderne Europas aus der Geometrie bezogen, aber dabei zugleich die mittelmeerische Geschichte reflektiert hatte. Und eben dies hatte diese Architektur doch auch für Benito Mussolini, den «Duce» so interessant gemacht. Er sah den neuen, von ihm diktatorisch geführten Staat in genau dieser strengen, elementaren Architekturmoderne dargestellt. Sie gebrauchte viel Glas, achtete mit äußerster Beflissenheit auf die Reinheit des Zusammenfügens und beschwor wunderbarerweise mit all dem doch auch die Antike und die Renaissance. Nicht zuletzt deshalb paßte den Faschisten die Architektur der Rationalisten, viel mehr als die der geschichtsstürmenden Futuristen mit ihrem wilden Zukunftsgeschrei, und auch viel mehr als die des Novocento, der sich ziemlich direkt auf die klassischen Grundformen bezog und mit dem Dekor haushielt. Anders als der deutsche Nationalsozialismus nämlich wollte der italienische Faschismus modern sein und es auch zeigen. Jedoch – in den späteren dreißiger Jahren von Hitler infiziert, glitt dann schließlich auch Mussolini in den monumentalen Neoklassizismus ab. Und 1943 wurde Casabella, die Stimme der Rationalisten, von den Faschisten verboten.

In Hamburg ist vor allem klar geworden, daß Terragni neben der weltbekannten Casa del Fascio in Como – in seiner Schlüssigkeit so vollkommen wie das Bauhausgebäude von Gropius in Dessau oder die Villa Tugendhat von Mies van der Rohe in Brünn – viel mehr bewundernswerte Bauwerke hervorgebracht hat. Und es sind auch nicht nur der von Licht durchflutete Kindergarten Sant'Elia, auch nicht nur das mißtrauisch zur Kenntnis genommene, bald hochgeachtete Eckmietshaus Novocomum mit seiner asymmetrisch entwickelten inneren Symmetrie, es sind noch viel mehr Entwürfe, die das Studium Terragnis lohnen. Sie sind allesamt auf die Umgebung bezogen, viel mehr: sie sollten den Orten, für die sie entworfen waren, unübersehbar das Gepräge geben, einen Charakter.

Dies und die durchweg lebhaft gegliederten, sehr vielfältigen, mit räumlichen Überraschungen aufgelockerten Grundrisse nun aber mit dem programmatischen Aufruf zu äußerster Logik, Vernunft, Geometrie und Strenge zusammenzubringen, fällt manchen Beobachtern offenbar immer noch schwer. Auch daß es den Rationalisten bei alledem um menschenfreundliche Gebäude für eine menschenfreundlich einzurichtende Stadt zu tun gewesen war. Und so wirkt es nach wie vor seltsam, daß der Name Terragnis in einer der einflußreichsten

Analysen der Gegenwartsarchitektur, in Sigfried Giedions Buch «Raum, Zeit, Architektur», nicht vorkommt, nicht existent ist.

Dabei hatten die italienischen Modernen, versammelt in der «Gruppe 7», doch ganz klar den «Gebrauch rationaler Mittel» verlangt, die «vollkommene Übereinstimmung des Gebäudes mit den Zwecken, denen es zu dienen hat», aber doch auch Respekt vor dem «Geist der Tradition». Sachliche Qualität ging ihnen vor Stil und Persönlichkeitsausdruck. Sie waren gestaltungsbesessene Verwandte der Funktionalisten etwas weiter nördlich, bevor deren Idee nach dem Zweiten Weltkrieg bis zur Unkenntlichkeit ruiniert worden ist.

Unter diesen leidenschaftlichen Erneuerern der Architektur war Terragni gewiß der fähigste, auch der rigoroseste, bisweilen der verbissenste – eine leuchtende Erscheinung. Daniele Vitale hat ihn einmal so charakterisiert: «Er ist Architekt mit totalem Engagement, die Architektur ist seine Welt, sein Leben, seine Arbeit; sein persönlicher Weg ist die Beschränkung, die Tiefendimension der Analyse, die Suche nach Strenge». Wer vor seinen Bauwerken steht – sei es leibhaftig, sei es vor den Modellen –, wird oft nicht umhin kommen, das Eigenschaftswort «schön» zu gebrauchen.

Manfred Sack

a   Villa al mar o sul lago, Projekt 1932

Rationalismus und «Città Metafisica»
Typologien der italienischen Moderne

Bis heute ist eine Bewertung oder eine Annäherung an die Architektur der Zeit des deutschen und italienischen Faschismus geprägt von Widersprüchen und Mißverständnissen. Das gilt insbesondere für Giuseppe Terragni, dessen Arbeiten mit allen Insignien der Architektur der klassischen Moderne versehen sind, jedoch scheinbar schwer mit seiner ausgewiesenen Überzeugung als bekennender Faschist in Einklang zu bringen sind. Auch die Gewichtung von Form und Bedeutung in der Architektur hat sich verändert und erfährt heute eine eher differenzierte Betrachtung. 1932 war die Positionierung eindeutiger, damals bezeichnete Sigfried Giedion den Zustand der italienischen Architektur als Tiefstand, der keiner weiteren Erwähnung bedürfe.[1] Im selben Jahr hatte Terragni die Casa del Fascio entworfen, Giedions Äußerung kann nur vor dem Hintergrund verständlich erscheinen, daß eine Architektur unter der Ägide des aufziehenden Faschismus nicht mit den Qualitätsmerkmalen der Moderne vereinbar sei.

Ausgerechnet Giedions Frau war es, Carola Giedion-Welcker, die wiederum den Anstoß gab zu der ersten Ausstellung in Zürich über die italienischen Futuristen und die Pittura Metafisica, wie die Ausstellung 1950 im Kunsthaus lautete. Nun, nach beinahe 20 Jahren kam Max Bill in dem kleinen Katalog der Ausstellung zu jener politisch ebenfalls nicht über jeden Zweifel erhabenen Gruppe zu einem ganz anderen Ergebnis: «Aus dem Resultat unserer Doppelausstellung «Futurismo e Pittura Metafisica» möchten wir eine Lehre ziehen: die aktivistische, revolutionäre Geste ist oft der Ausdruck jener, die das Vernünftige, oft äußerer Umstände

---

[1] «Von vornherein muß zugegeben werden, daß die allgemeine Bautätigkeit in Italien heute einen Tiefstand erreicht hat, wie kaum in einem anderen Land. Die herrschende Architektur der Verwaltungsgebäude, Bahnhöfe, Börsen, die Schauseite der Garagen und Volkswohnungen, strömt ein so hohes Pathos und ein derartiges Fernsein von den heutigen Gegebenheiten aus, daß an dieser Stelle nicht darüber gesprochen zu werden braucht.» Sigfried Giedion; Zur Lage der italienischen Architektur, in: Bauwelt, Heft 10, 1932, S. 1.

a   Max Bill; Futurismo e Pittura Metafisica, in: Kunsthaus Zürich, Hrsg., Ausst. Kat., Zürich 1950, Umschlag

wegen, nicht tun können. Aber wenn wirkliche Künstler sich mit einer solchen Richtung identifizieren, entstehen bahnbrechende und bleibende Leistungen, die das Typische ihrer Epoche festhalten und überliefern. Daß diese Werke des Futurismus und der «Pittura Metafisica» heute, nach 30 und 40 Jahren, uns noch erregen, beweist, daß in ihnen manches enthalten ist, das auch unserer Zeit eigen ist.»[2]

Erstmals verbindet hier Max Bill den Futurismus mit dem Begriff der Vernunft und der Typologie, und er weist darauf hin, daß aus jener Zeit der Manifeste und der Umsturzversuche in der Kunst eben doch Typisches umgesetzt wurde und nicht ohne «unmittelbare Auswirkung» geblieben ist, wie es Giedion noch 1932 behauptet hatte.[3]

Ergänzend zu Bills Gedanken läßt sich feststellen, daß es der Pittura Metafisica mit Ihren Bildwelten als einziger Richtung zu Beginn dieses Jahrhunderts gelungen ist, einen übergeordneten Sinnbezug zur gebauten Architektur herzustellen und somit eine Einheit von Kunst und Gesellschaft anzustreben, wie es in allen Manifesten im zweiten Jahrzehnt dieses Jahrhunderts so eindringlich gefordert wurde, insbesondere in den Schriften des Futuristen Filippo Tommaso Marinetti, der 1920 geschrieben hatte: «Da auch wir zur notwendigen Erneuerung aller künstlerischen Ausdrucksmittel beitragen wollen, erklären wir hiermit entschlossen allen Künstlern und Institutionen den Krieg, die sich zwar hinter einer falschen Modernität verstecken, aber an der Tradition, dem Akademismus und vor allem an einer widerwärtigen geistigen Trägheit festkleben.»[4]

Die Diktion der emphatischen Manifeste der Futuristen, denen sich bereits 1912 der Architekt Antonio Sant'Elia angeschlossen hatte, und in denen sie – auf eine Formel gebracht – zunächst alles Überkommene ablehnten, «den Kult der Vergangenheit», «die Besessenheit für das Alte» und in denen sie «vom idealen Feld der Kunst alle schon abgenützten Motive und Themen wegfegen»[5] wollten, diese Inhalte lassen sich mit den Traktaten der deutschen Expressionisten um Bruno Taut vergleichen. Bereits 1912 fand die erste Ausstellung der Futuristen in Berlin statt, und durch Herwarth Walden und die von ihm geleitete Zeitschrift «Der Sturm» wurden deren Schriften unmittelbar vor dem ersten Weltkrieg in Berlin bekannt und natürlich auch von den sogenannten expressionistischen Architekten – wenn auch zeitversetzt – während und nach dem Krieg aufgenommen. Trotz allem programmatischem Anspruch nach Einheitlichkeit der Kunst und Architektur, blieben auch die Projekte der deutschen Expressionis-

---

2   Max Bill; Futurismo e Pittura Metafisica, in: Kunsthaus Zürich, Hrsg., Ausst. Kat., Zürich 1950, ohne Paginierung.

3   Sigfried Giedion, op. cit. S. 3.

4   F. T. Marinetti, Manifest der futuristischen Maler, 11. 2. 1910, zitiert nach: Christa Baumgarth, Geschichte des Futurismus, Reinbeck bei Hamburg 1966, S. 50.

5   Ibid., S. 51.

6   Ibid., S. 113.

7   Hansgeorg Schmidt-Bergmann; Futurismus, Geschichte, Ästhetik, Dokumente, Reinbeck bei Hamburg 1993, S. 195.

ten weitgehend ein isoliertes Phänomen, das vom Neuen Bauen der zwanziger Jahre zunächst aufgesogen und von den Leitbildern der Neuen Sachlichkeit nahezu vollständig absorbiert wurde und lediglich in formalen, örtlich geprägten Varianten, Umsetzungen erfuhr.

In Italien hingegen verlief die Entwicklung der Architektur des Futurismus und des späteren Rationalismus sehr viel differenzierter, eine Aufarbeitung dieses Phänomens wurde nach dem zweiten Weltkrieg dennoch zunächst kaum vorgenommen. Ein Grund hierfür liegt in der Verbindung der Futuristen zum Staat, der vielzitierten «Italianità» der Futuristen, der Manifestation der höchsten und typischsten Eigenschaften des italienischen Nationalcharakters.[6] Das schließt die Tradition notgedrungen mit ein, trotz deren Ablehnung in den frühen Traktaten. Die allumfassende Modernität, wie es formuliert wurde, war die Grundlage für Italien, das größer sein sollte als das Italien der Vergangenheit. Eine Verbindung von Kunst und Nationalgefühl, wie es um die Jahrhundertwende auch in anderen Ländern auszumachen war und in Deutschland noch Thema der Werkbunddebatten war.

Die «italienische Position» nimmt aber in bezug zur Auffassung einer Ästhetisierung der Umwelt eine ganz andere Stellung ein. Für sie wurde die Geschwindigkeit des modernen Lebens, die Autonomie der Technik und die daraus resultierende Umstrukturierung der Gesellschaft selbst zur Ideologie, selbst zu einem Prozeß der Ästhetisierung. Verbunden mit lebensphilosophischen Impulsen von Friedrich Nietzsche und anderen wurde eine vitalistische Steigerung der Intensität des individuellen Lebens durchaus gefordert,[7] im Gegensatz zu einer rein formalen Umsetzung des Fortschrittes schlechthin: «Wir erklären», so Marinetti im vierten Punkt seines vielzitierten Gründungsmanifestes, «daß sich die Herrlichkeit der Welt um eine

a   Fillippo Tommaso Marinetti

b   F. T. Marinetti, Worte in Freiheit, 1915

c   Virgilio Marchi, Phantastische Stadt, 1919–20

neue Schönheit bereichert hat: die Schönheit der Geschwindigkeit. Ein Rennwagen, dessen Karosserie große Rohre schmücken, die Schlangen mit explosivem Atem gleichen ... ein aufheulendes Auto, das auf Kartätschen zu laufen scheint, ist schöner als die Nike von Samothrake.»[8]

Ausgehend von dem Widerspruch zwischen den Veränderungen, die sich aus der Entwicklung der Technik für das alltägliche Leben ergeben hatten und den stagnierenden Mitteln der Künste, die noch im 19. Jahrhundert verharrten, versuchten die Futuristen – wie es Marinetti in dem «Manifest der futuristischen Literatur» propagiert hat –, die Logik der Technik für die Künste wirksam werden zu lassen. Dabei geht es nicht lediglich um eine vordergründige Ästhetisierung der Technik und der Maschinen, wie sie in weiten Teilen des Werkbundes und später des Bauhaus immer wieder programmatisch gefordert wurde, sondern präzise um die «Anpassung der Künste an die Logik der Maschine».[9]

Ein weiterer und vielleicht wichtigste Punkt ist eine parallele Erscheinung zur futuristischen Malerei, nämlich die Pittura Metafisica, die besondere architektonische Bildthemen zur Grundlage ihrer Ästhetik machte, die wiederum auf die spätere Entwicklung der rationalistischen Architektur in Italien entscheidenden Einfluß hatte.

Der Futurismus definierte sich in «völliger Übereinstimmung mit der modernen Lebensauffassung», wie es Umberto Boccioni formulierte, er sollte das hektische Leben der Metropolen widerspiegeln, wo die Grenzen zwischen Raum und Zeit zerfließen, wo alles miteinander in Beziehung gesetzt werden kann, wo die Beziehungen universell sind. Deshalb die Absage an die naturalistische Darstellung der technischen Lebenswelt, an die Logik der Beziehungen. Die ersten futuristischen Bilder von Boccioni, Carrà und Severini setzten sich in ihrer

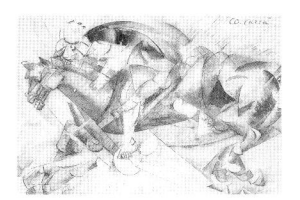

a	Carlo Carrà, Der rote Reiter, 1913
b	Carlo Carrà, Das Rennen, 1914
c	Carlo Carrà, Der abendländische Reiter, 1917
d	Giorgio de Chirico, Selbstbildnis, 1920
e	Giorgio de Chirico, Angst vor der Abreise, 1913–14

Bildsprache zunächst explizit mit dem Kubismus auseinander. Parallel dazu entwickelte sich die ganz eigenständige Bildwelt der Pittura Metafisica, als zweiter wichtigster Beitrag der modernen Kunst in Italien.

Übereinstimmung und gleichzeitig Divergenz der beiden Richtungen veranschaulicht ein Bildvergleich der drei Werke Carlo Carràs, welcher als überzeugter Futurist zur Richtung der Pittura Metafisica wechselte. «Der rote Reiter» von 1913 ist ganz in der Dynamik der Bewegung aufgelöst, die beinahe hektische Bewegung wird von Lichtstrahlen gebrochen und durch die Staffelung der an Filmsequenzen erinnernden Körperteile noch gesteigert. In «Das Rennen» von 1914 ist das Moment der Bewegung herausgelöst, aus vielen Einzelteilen setzt sich der Körper nun zu einer kompositorischen Momentaufnahme zusammen. In dem Werk «Der abendländische Reiter» von 1917 ist nun die Bewegung gänzlich erstarrt; obwohl der Reiter die Position eines im Rennen befindlichen Jockeys innehat, steht das Pferd. Der Reiter ist zu einem Denkmal seiner selbst erstarrt, er ist zum Objekt in einem leeren imaginären Raum geworden und stellt zugleich sein eigenes Sujet in Frage.[10]

Man kann in diesen Bildern, im Übergang vom Futurismus zur Pittura Metafisica die Verbindung von zwei gegensätzlichen Tendenzen feststellen: Es ist zum einen das Erlebnis des modernistischen Bruches, der sich in den Bildern des Futurismus widerspiegelt, zum anderen ist es die tiefe Verwurzelung im 19. Jahrhundert, der Tradition, für die die persönliche Entwicklung de Chiricos steht. Dessen Bilder zeigen eine stärkere Verbindung zur Antike und der homerischen Tradition als zur Moderne und verarbeiten den Zwiespalt des im Hier und Jetzt Lebenden.

Die Arbeiten von Carlo Carrà und Giorgio de Chirico, haben mit ihren metaphysischen Bildwelten einen enormen Einfluß auf die internationale Avantgarde ausgeübt insbesondere auf die Architekten zur Zeit des Faschismus und auf Giuseppe Terragni. Der Vergleich der metaphysischen Stadtlandschaften De Chiricos, die er zwischen 1910 und 1919 malte, mit den Traktaten Marinettis, verdeutlicht unvermittelt, daß diese geradezu Umsetzungen der Schriften und Manifeste Marinettis zu sein scheinen, beinahe mehr noch als die wenigen Arbeiten, die der nahezu einzige explizit futuristische Architekt, Sant'Elia, bis zu seinem frühen Tod realisieren konnte – vor dem Hintergrund eines anderen, spezifischen Verständnisses von Modernität. De Chirico zeigt die Verwirrtheit und Verlorenheit des modernen, von Technik und Industrialisierung

---

8   Zitiert nach: Ibid., S. 77.

9   Vgl. Schmidt-Bergmann, op. cit., S. 196 und Reyner Banham der bereits in:
    Die Revolution der Architektur, Theorie und Gestaltung im Ersten Maschinenzeitalter,
    Reinbeck bei Hamburg 1964, auf diesen Unterschied hinwies.

10 Wieland Schmied; De Chirico und sein Schatten, München 1989, S. 22.

geprägten Menschen in einer ihm fremd gewordenen Welt. Wohl wie kein zweiter verbindet De Chirico reale Bildwelten, reale Architektur mit perspektivisch verzerrten Traumwelten und zeigt so die Vereinsamung des Menschen in der modernen Zeit. In der Verbindung von Ratio und Irratio bewegt sich der Mensch und der Betrachter in einer illusionistischen Raumbühne, in einer von ihm geschaffenen zweiten Natur. «Menschliche Geschichte, menschliches Tun ist in ihr erstarrt und tritt uns in den Dingen fremd und undeutbar gegenüber. Das ist der unlösbare Widerspruch dieser Welt: sie ist total vom Menschen gemacht, aber sie ist nicht für ihn gemacht. Hinter den Arkaden der Palazzi wird nicht gewohnt, und die Fabriken, deren Schornsteine wir sehen, produzieren nichts für ihn. Sie sind nichts als leere und bedrohliche Kulisse».[11] De Chirico selbst schrieb über die Verfremdung der Gegenstände in seinen Bildern 1919: «Jeder Gegenstand hat zwei Erscheinungsweisen: die eine, die gängige, die wir fast immer sehen und die von den Menschen allgemein gesehen wird; die andere, eine schemenhafte oder metaphysische Erscheinungsweise, die nur einzelne, seltene Individuen in Augenblicken des Hellsehens und der metaphysischen Abstraktion erblicken, wie im Fall bestimmter Körper, die in Substanzen verborgen sind, die zwar für das Sonnenlicht undurchdringlich sind, jedoch nicht für Röntgenstrahlen oder andere starke, künstliche Mittel.»[12]

Inszenierten die reinen futuristischen Architekturentwürfe von Sant'Elia und Mario Chiattone utopische Städte, die die Geschwindigkeit eines neuen industriellen Zeitalters verherrlichen und bei denen die Nähe zu Fritz Langs szenischen Entwürfen für den Film Metropolis zu spüren ist, so nutzte De Chirico die Doppelexistenz des klassischen und des industrialistischen Weltbildes zu einer malerischen Synthese.[13] Während also der Futurismus die moder-

a

---
[11] Ibid., S. 25.

---
[12] Giogio de Chirico; Sull'arte metafisica, in: Valori Plastici, Nr. 4/5, Rom 1919, zitiert nach: Wieland Schmied, op. cit., S. 26.

nistische Position einnimmt mit der Bejahung des Fortschritts, der Faszination durch die Geschwindigkeit, der Aggressivität als Lebenselement und die Fixierung des zeitgenössischen Augenblicks, ist die Pittura Metafisica die rationale und metaphysische Gegenposition, die aber gleichzeitig dem modernistischen Prinzip inhärent ist; hier ist es der Zweifel an der Technik und dem Fortschritt, die Bekenntnis zur Statik und Dinghaftigkeit, die Nostalgie als Grundstimmung und gleichzeitig das Gefühl der Zeitlosigkeit und Dauer, das die Bilder evozieren.[14] Eine hierfür treffende und poetische Beschreibung lieferte Carlo Carrà für das Bild «Oval der Erscheinungen» von 1918, die das Anliegen der Pittura Metafisica am Ende ihrer kurzen Periode eindringlich beschreibt.[15]

Die Verbindung der Futuristen zur offiziellen Kulturpolitik, ihre singuläre Auffassung zur Ästhetisierung der Umwelt sowie anschauliche Bildwelten und Verarbeitungen traditioneller Inhalte führten dazu, daß futuristische Elemente Bestandteile der Architektur des italienischen Rationalismus wurden und sich tradieren konnten. Nicht zuletzt deshalb ist das Avantgarde-Prinzip in der italienischen Architektur zur Zeit des Faschismus im Gegensatz zu anderen Ländern nicht an der Politik gescheitert, vielmehr wurden futuristische und später faschistische Ideologie teilweise kongruent.

---

13 Vgl. Max Bill; Futurismo e Pittura Metafisica, op. cit.

---

14 Vgl. Wieland Schmied, op. cit, S. 22.

15 Die Sphäre gibt ein Zeichen: Die Sicht ist nicht mehr animalisch. Das Kreuzen der Winde, der Kreislauf der übersinnlichen Geschichte sind auf dem schwarzen Meer, das vielleicht unterhalb der sichtbaren Fläche schläft, zur Ruhe gekommen, wie die Untergeschosse der Schiffe. (In vertikalen Flächen türmt sich das metaphysische Haus der Mailänder Proletarier und umschließt unendliches Schweigen.
Denn die Wölbung des Erdbodens ist starr geworden, die Antenne des Marconi-Telegraphen murmelt die Silben der Legenden, die jeden Frühling wiederkehren.)
Das ist die Poesie dieser großen und mathematischen Stunde. Der weite Himmel hat sich geglättet in der intensiven Tönung des Schiefers. Der Kampf wird sich entscheiden wie im Jahre eins. Der elektrische Mensch ragt in die Höhe wie ein auf die Spitze gestellter Kegel. (Er hat den Leib einer Wasseruhr und die Anmut von gerundeten, beweglichen Flächen aus vielfarbigem Blech; sie lassen uns die Wirklichkeit betrachten wie durch konkave und konvexe Spiegel; an Brust und Rumpf scharfe Volumen und an den Schultern befestigte Attribute mit schwarzen Nägeln und weißen Lichtern.) Auf der gleichen Fläche, doch weiter hinten, erhebt sich die archaische Statue meiner Kindheit (unbekannte und verschämte Geliebte oder Engel ohne Flügel?). Sie hält in den Händen Tennisschläger und Ball – wie ihre Schwester aus Gummi, die an der mir gegenüberliegenden Wand steht. Noch weiter hinten auf der rechten Seite ist ein Grabmal zu erblicken, das vielleicht eine Inschrift in Latein trägt – das wegen seines Wohlklangs unsere vertraute Sprache ist. Parallel dazu in der gleichen Distanz steht in gespenstischer Unbeweglichkeit der riesige Fisch aus Kupfer; er ruht auf zwei primitiven Eisenfüßen (ob er wohl aus einem Museum geflüchtet ist?). Die Schatten sind schneidend und schwarz auf dem fahlen Boden.
Dies ist das Drama der Erscheinungen.
Zitiert nach Max Bill; Futurismo e Pittura Metafisica, op. cit.

a Carlo Carrà, Oval der Erscheinungen, 1918

Die offizielle Kunst- und Architekturpolitik des Faschismus in Italien ist mit der des Dritten Reiches in Deutschland kaum zu vergleichen. Dennoch gab es weder in Deutschland noch in Italien eine explizit formulierte Kunst- und Architekturtheorie des Regimes, und beide Systeme nahmen extremen Einfluß auf die Kunstpolitik. In Deutschland hatten sich die gegensätzlichen Pole Modernität und Tradition bereits seit den Werkbunddebatten endgültig auseinander bewegt. Gleichsam als Schlußpunkt dieser Debatten und Konfrontationen, die zu Beginn des Jahrhunderts stattgefunden hatten, vollzog das Regime relativ schnell nach dem Machtwechsel 1933 eine «Gleichschaltung» der Künste. Das hatte zur Folge, daß modernistische Leitbilder nur noch im Industriebau sowie in innerer oder äußerer Emigration umgesetzt werden konnten. Es gab allerdings frühe Anpassungsversuche, wie Projekte von Walter Gropius zeigen, der bis 1934 versuchte, seine relativ einflußreiche Position in Deutschland zu behaupten. Für den von der Deutschen Arbeitsfront im November 1933 ausgeschriebenen Wettbewerb zur Erlangung eines Prototyps für «Häuser der Arbeit», reichte Gropius einen modernen Entwurf ein, zeichnete aber vier überdimensionale Hakenkreuzfahnen mit hinein, um ihn «wettbewerbsfähig» zu gestalten. In allen größeren Orten sollten Häuser der Arbeit entstehen, mit Sportanlagen und sogenannten «Thingstätten» zur Versammlung, als «Kultstätte deutschen Arbeitsgeistes».[16] Vorbild hierfür war die italienische Feierabendorganisation Dopolavoro. Wie unvereinbar gegensätzliche Lösungsversuche dieser Bauaufgabe waren veranschaulicht der Beitrag von Adolf Abel für denselben Wettbewerb, indem das Gebäude in Form eines überdimensionalen Hakenkreuzes ausgebildet ist. Abel gehörte, als Professor für Baukunst und Städtebau an der TH München, neben Paul Bonatz, der sich für diesen Entwurf sehr eingesetzt hatte zu den wichtigen Lehrern

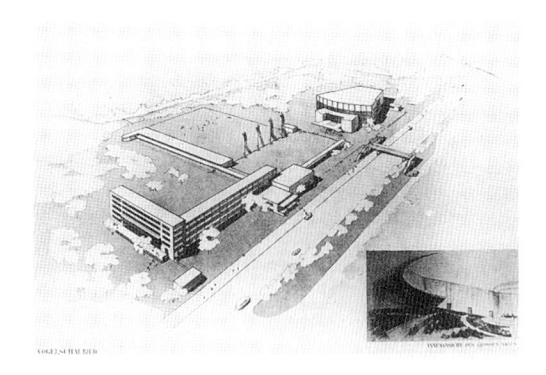

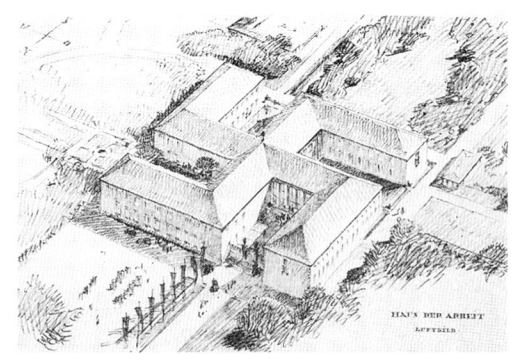

a   b

a   Walter Gropius, Haus der Arbeit, Wettbewerbsentwurf 1934

b   Adolf Abel, Haus der Arbeit, Wettbewerbsentwurf 1934

c   Deutsche Bauhütte, 1927

der süddeutschen Region.¹⁷ Außer den Standarten, haben die Entwürfe nichts gemein, es läßt sich erahnen, wie eindringlich in dieser kurzen Periode um die «bauliche Führung» im Deutschen Reich gestritten wurde, wie es in den Fachblättern hieß.

Die Position der italienischen Rationalisten war zu jenem Zeitpunkt noch stärker. Die Ansprache Benito Mussolinis auf dem 13. Architektenkongreß in Rom, der geradezu ostentativ in der Deutschen Bauzeitung 1936 veröffentlicht wurde, vermittelt den Eindruck, als sei Mussolini selbst der erste Verfechter des Rationalismus: «Wenn ich von Architektur spreche», so Mussolini, «so spreche ich natürlich von moderner Architektur. Ich gehe sogar noch weiter, ich spreche von funktioneller Architektur. Ist es doch die Architektur, die den Rahmen unseres persönlichen Lebens formt. Das war immer so. Warum sollte es heute anders sein? Die Architektur liegt mir am Herzen, ich bin ganz von ihr erfüllt ...»¹⁸

Bekanntlich hatte Gropius keinen Erfolg, er revidierte seine Vorstellung von moderner Architektur für die Öffentlichkeit nicht und verließ Deutschland bereits 1934 endgültig. Beinahe wehmütig schaute Gropius auf die Entwicklung in Italien, die er anläßlich eines Besuches 1934 kennengelernt hatte: «Ich verfolge mit brennendem Interesse, wie sich das Ausland in dieser kritischen Zeit verhält», schrieb er an den Präsidenten der Reichskammer für bildende Kunst, Eugen Hönig¹⁹, «wie zahlreiche Opportunisten jenseits der Grenze die willkommene Gelegenheit benutzen, unsere Saat zu ernten. In dieser Woche wird zum Beispiel der italienische Futuristenführer Marinetti in Berlin sprechen. Ich lese regelmäßig seine «Città Nuova», in der man deutlich seine planmäßige Absicht erkennt, die neue deutsche Baubewegung, über deren hiesige Verfemung er wohl unterrichtet ist, für Italiens Ruhm als dortigen Ursprungs zu

c

16	Winfried Nerdinger, Walter Gropius, op. cit., S. 263.
17	Vgl. Winfried Nerdinger; Versuchung und Dilemma der Avantgarde im Spiegel der Architekturwettbewerbe 1933–35, in: Hartmut Frank, Hrsg.; Faschistische Architekturen, Planen und Bauen in Europa 1930 bis 1945, Hamburg 1985, S. 65ff.
18	Mussolinis Ansprache an die Delegierten des XIII. Internationalen Architektenkongresses in Rom, in: Deutsche Bauzeitung, 70. Jg., Heft 15, 8. 4. 1936, S. 316.
19	Zitiert nach: Stefan Germer; Die italienische Hoffnung, in: Achim Preiß, Stefan Germer, Hrsg.; Giuseppe Terragni: 1904–1943; Moderne und Faschismus in Italien, München 1991, S. 87.

vereinnahmen. Es ist zu befürchten, daß er auch in Berlin in diesem Sinne sprechen wird, und das geschähe dann unter dem besonderen Protektorat des Herrn Ministerpräsidenten Göring.»

Vielleicht zurecht beklagt sich hier Gropius über die Kurzsichtigkeit deutscher Funktionäre, die nun via Italien den «Stilo tedesco» feierten, den sie im eigenen Land bekämpften. Zu spät – oder gerade rechtzeitig – hatte Gropius begriffen, daß der revolutionäre Charakter sowohl dem modernen Bauen als auch der faschistischen Bewegung zugrunde lagen. Und zu spät wohl, daß Modernität auch traditionelle Werte und metaphysische Transformationen beinhalten können. Nicht umsonst war er ebenso bei dem letzten großen und spektakulären Wettbewerb, an dem er sich beteiligt hatte, für den Neubau der Reichsbank in Berlin, durchgefallen, das Gebäude hatte auf die Jury den Eindruck einer großen Fabrik erweckt. Worauf einige Kritiker hämisch Gropius als «Opfer eines von ihm selbst befürworteten Schlagwortes», nämlich dem der sich alles unterzuordnenden Industrieästhetik, bezeichneten.[20]

Es war der politische Hintergrund Marinettis, der den deutschen Funktionären genehm war – Marinetti war ein ausgewiesener Faschist – und das schloß sich in diesem Fall mit der Vorstellung von architektonischer Avantgarde nicht aus. Nicht moderne Architektur schlechthin wurde von den Regimen abgelehnt – wie es von deren Protagonisten nach dem zweiten Weltkrieg nur zu gerne dargestellt wurde –, vielmehr konnten Architekten des Neuen Bauens die auf Fragen der Typologie, auf den Bedeutungsgehalt einzelner architektonischer Gattungen und auf gesamtgesellschaftliche Bezüge der Architektur meist keine Antworten geben, das hatte sich schon lange vor der Machtergreifung der Nationalsozialisten abgezeichnet. Bereits in den zwanziger Jahren macht sich dieses Theoriedefizit bemerkbar, es werden stellvertretende Debatten um Internationalität des Stiles oder Heimatstil geführt, Industrieästhetik kontra Walm- oder Satteldach. Es ging scheinbar um die bauliche Führung in Deutschland, wie es in den Hetzkampagnen um das Bauhaus zu lesen war.[21] Letztlich jedoch immer nur um den Baustil. Es war Gropius nicht gelungen – um ihn nur stellvertretend zu nennen – an die Debatten und Diskurse aus der frühen Werkbundzeit anzuknüpfen. Bereits 1914 hatte Muthesius anläßlich der Werkbundtagung davor gewarnt, daß es viel zu früh sei über einen verbindlichen Stil in der Architektur zu sprechen, wie es die junge Generation immer wieder gefordert hatte. Und in der Tat war dann bereits 1927 der «Sieg des neuen Baustils» plötzlich da, wie es Walter Curt Behrendt mit seiner gleichlautenden Publikation determinierte. Und es hatte sich eben nur

a

| 20 | Winfried Nerdinger, Walter Gropius, Berlin 1985, S. 180. |

| 21 | Vgl. J. C. Bürkle; Das Neue Bauen zwischen Modernität und Tradition, in: Wohnhäuser der klassischen Moderne, Stuttgart 1994, S. 9ff. |

| a | Walter Gropius, Reichsbank, Wettbewerbsentwurf 1934 |

| b | Walter Curt Behrendt, Der Sieg des neuen Baustils 1927, Buchumschlag |

| c | Inao Yamawaki, der Schlag gegen das Bauhaus, 1932 |

| d | Torviscosa, zeitgenössische Ansicht der Fabrikanlage |

| e | Franco Marinotti, Giuseppe de Min mit dem Lageplan von Torviscosa |

ein Stil etabliert, Fragen der Typologie, des Städtebaus, der Bedeutung von architektonischen Formen wurden nicht gestellt. Die «architektonische Gleichschaltung» war somit also zunächst in den Manifesten der Modernisten vorgenommen worden, lange bevor diese Metapher vom Dritten Reich übernommen wurde und natürlich sehr viel effizienter und unter anderen Vorzeichen umgesetzt werden konnte.

Mit der Machtergreifung in Deutschland erfolgten Gegenstrategien, die sich in Siedlungsvorhaben, Stadtgründungen oder Gegenausstellungen wie der Siedlung am Kochenhof in Stuttgart manifestierten. Da jedoch architekturtheoretische Grundlagen nicht gelegt wurden erschöpfte sich diese Architektur zumeist in formalen Kontrapositionen mit volkstümelnden, zuweilen bizarr romantisierenden Ausprägungen. Ebenso wie in Deutschland mit Salzgitter und der Volkswagenstadt Wolfsburg ländliche Regionen industrialisiert und damit beschäftigungspolitisch autark werden sollten, gab es in Italien zahlreiche Stadtgründungen mit dem Ziel, die Autarkie der Regionen zu verstärken und in strukturschwachen Gebieten Arbeitsplätze zu schaffen. Während die Zentren Rom und Berlin auch tatsächlich im Zentrum des megalomanen planerischen Interesses standen, entwickelten sich in Italien fernab an den Peripherien Planungen, die gleichsam beinahe unbemerkt von den zentralen Ämtern zwar kontrollierte aber dennoch eigenständige Richtungen einschlugen.

Am Beispiel der italienischen Stadtgründung Torviscosa, unweit von Udine, zeigt sich, daß jene integrativen Theoreme des italienischen Rationalismus die tragfähigeren und damit auch die überlebensfähigeren waren. Wie bei den pontinischen Stadtgründungen auch, so wurde in Torviscosa ein Industriezweig zur Grundlage der Stadt erklärt, hier war es der Zellstoff, für Viscose, der aus den riesigen Wäldern gewonnen werden konnte und im folgenden die ganze Region mit Viscose versorgen sollte. Im Gegensatz zu anderen vergleichbaren Stadtgründungen ist Torviscosa nahezu unbekannt geblieben. Die kleine Stadt findet sich kaum in der einschlägigen Literatur über die Zeit des italienischen Faschismus.[22] Torviscosa war die letzte der zwölf Stadtgründungen einer «Città di Fondazione», sie wurde erst ab 1937 geplant und 1940 eingeweiht. Zudem handelt es sich um eine Stadt deren Typologien äußerst differenziert sind und die sich nicht den eindeutigen politischen Forderungen jener Zeit zuordnen läßt.

Neben anderen sogenannten Kategorie-Städten wie der Stadt der Kohle oder der Luftfahrt wurde der alte Ort «Torre di Zuino» auserwählt, die «Stadt der Zellulose» zu werden. Aus dem Namen des damals führenden Zellulose-Unternehmens «SNIA-Viscosa (SNIA = Società di Navigazione Italo Amricana) und dem Ortsnamen Torre di Zuino entstand der Name der Stadt: Torreviscosa oder später Torviscosa.[23] Nach dem Börsenkrach an der Wall Street geriet das Konsortium ins Wanken und es wurde der Textilindustrielle Franco Marinotti als Geschäftsführer berufen. Zur Sanierung der Firma wollte man den Grundstoff Zellulose nun selbst herstellen, da kurz zuvor entdeckt worden war, daß dieser Rohstoff für die Produktion aus Holz herzustellen sei. Zusammen mit Mussolini suchte Marinotti einen Ort aus, an dem es sehr viel Holz gab, an dem keine anderen Industrien vorhanden waren, der eine hohe Arbeitslosenquote aufwies und der verkehrsgünstig lag. Die Wahl fiel auf Torre di Zuino, dessen Geschichte bis auf römische Festungen zurückgeht, was für die faschistische Ideologie zusätzlich förderlich war. Marinotti beauftragte den Architekten Giuseppe de Min mit der gesamten architektonischen und urbanistischen Planung der neuen Stadt.[24] Er entwarf eine großzügige Stadtanlage, mit klar getrennten Funktionsbereichen und axialen Straßenzügen. Vorbild einer autarken Produktionsanlage auf dem Lande mit Wohnsiedlungen und Gemeinschaftseinrichtungen waren für Marinotti die frühen Industriestädte Englands. Planungsgrundlage für Giuseppe de Min waren zusätzlich die Stadtgrundrisse der römischen Forumsanlagen.

In der Mitte der Stadt liegt die Kirche – neben einigen Bauernhäusern die einzigen Überreste des alten Dorfes – um die eine trapezförmige Grünanlage geführt ist, aus der Vogelperspektive einem großen Marsfeld vergleichbar. In einem größeren Bogen schließen sich die Wohnsiedlungen an. Auf einer Achse mit der Kirche liegen Schulbauten und das große Rathaus – der Palazzo Comunale – mit einem von Kolonnadenreihen begrenzten Forum, der

---

22 In deutschsprachiger Literatur ist Torviscosa erwähnt in: Ueli Pfammater, «Razionalismo» italienische Architekten 1927–1942, Bauwelt Fundamente 85, Braunschweig 1990.

23 Die folgenden Angaben stammen aus der Forschungsarbeit über Torviscosa: Maria Pia Montagna; Torviscosa «Città di Fondazione» e «Città del Capitale» (1938–1941), Venezia 1986.

24 Giuseppe de Min war ein Verwandter von Marinotti. Da der Nachlaß von de Min nicht erhalten ist, gibt es kaum Angaben über ihn.

größte öffentliche Bau – für die Partei. Zwischen dem Parteigebäude und der gegenüberliegenden riesigen Fabrikanlage mit der mächtigen Eingangsfassade, wurde in klarer symbolischer Rhetorik Kirche und Volk positioniert. Erstaunlich und wohl auch einzigartig sind die komplexen architektonischen Bezüge der einzelnen Funktionsbereiche der kleinen Stadt, die Mehrfachkodierung der architektonischen Sprache, die mit erstaunlicher Präzision formuliert wurde, und die zugleich nahezu das gesamte Konnotationsrepertoire dieses Jahrhunderts aufweist.

Die Fabrikbauten bilden die Kopfzone der Stadt, die von scheinbar widersprüchlichen Kriterien der Funktionalität und Symmetrie bestimmt werden. Eindringlich sind die weiten Räume komponiert, die im Zusammenhang mit den einzelnen Gebäuden, Maschinenteilen und Rohrleitungen gleichsam eine bühnenbildnerische Folge von Massen, Kulissen, horizontalen und vertikalen Wänden, Pilonen und Warttürmen, die städtische Realität und zugleich die Irrealität der «Stadt der Zellulose» virtuos inszenieren. Die rationale Sprache der einzelnen Formen, der roten Ziegel, die verglasten, somit «aufgelösten Ecken» und die flachen Dächer verweisen auf die Rhetorik der frühen Moderne, im Sinne der Industriearchitektur eines Peter Behrens. Formal klar von der Architektur vermitteln zwei Skulpturen-Gruppen am Eingang der Fabrik den heute einzigen eindeutigen Hinweis auf die Rhetorik des Regimes. Überdimensional und realistisch sind sie Allegorien der italienischen Tugenden. Abstrakter ist die Etwas Ikonographie des Turmes, in dem Bisulfat eingelagert wurde, er hat die Form eines gigantischen Liktorenbündels. Mit einer Höhe von 54 Metern ist er ein sichtbares Signal, das von Palazzo Comunale widergespiegelt wird und so die vorherrschende Stellung des Industriekomplexes gegenüber der Stadt akzentuiert. Diese Verbindung oder Abhängigkeit wird wiederum sichtbar durch Gebrauch der

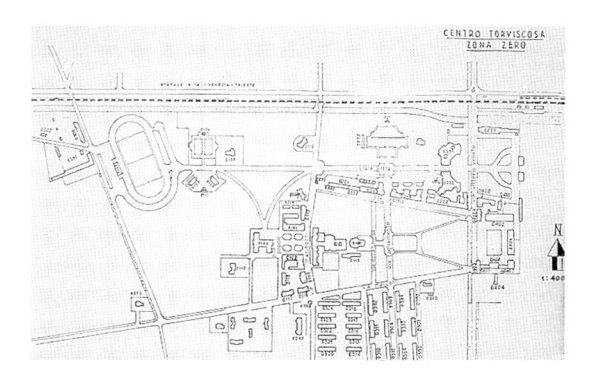

a

b

c

a   Lageplan von Torviscosa

b   Kolossalfiguren der Tugenden am Eingang der Fabrik

c   Fenster am Restaurantgebäude

roten Ziegel auch bei den sozialen oder öffentlichen Gebäuden und den Arbeiterhäusern. Der zweigliedrige Turm liegt genau auf einer Achse mit der Kirche und dem Palazzo Comunale, womit die Dreieinigkeit vollends hergestellt ist: die Kirche ist gleichsam im Griff des Liktorenbündels der Fabrik und der Parteizentrale.

Gegenüber des Fabrikeingangs liegt die Piazza Marinotti, ehemals Piazza Autarchia. Den Platz schließen, aus der Achse genommen, die größten öffentlichen Gebäude, die für die Erholung und Freizeit bestimmt waren, das Theater und das Restaurant. Sie repräsentieren den Wunsch Marinottis, das Leben der Arbeiter auch außerhalb der Arbeitsstunden zu organisieren und zu kontrollieren. Sie nehmen die Typologie der Volkshäuser und Arbeiterklubs der Sowjetunion auf. Die Verbindung zwischen diesen Gebäuden und der Fabrik ist auch in ihrer Anordnung offensichtlich, sie sind in den halbrunden Raum eingefügt mit der Aussicht auf den Fabrikeingang, von dem sie nur durch den kleinen Kanal getrennt sind. Beide Gebäude – Theater und Restaurant – sind in ihrer Symmetrie auf die axiale Straße bezogen, die im Fabrikeingang mündet und auf den Platz, was sich in der subtilen Artikulierung der Fassaden ausdrückt. Die Theaterfassade ist axialsymmetrisch angelegt und die Seitenflügel stellen die Verbindung zum Stadtraum her. Einerseits wird die rationale Formensprache der Fabrik wieder aufgenommen, zum anderen finden sich mit dem Mittelrisalit, der Flach gewölbten Kuppel und der Rotunde Motive traditioneller italienischer Architektur.

Dieses Moment der Störung, das der sonst sehr klaren Typologie widerspricht, findet sich in Torviscosas Architektursprache häufig. Die Fenster sind aus Eisen mit vorgefertigten Betonrahmen, die wiederum die Formensprache der Fabrik aufnehmen, und in horizontalen Anordnung bewußt jedes repräsentative Element negieren. Mit dem weiten Platz, der sehr viel Raum zwischen Theater, Restaurant und Fabrik bildet und der Einmündung der perspektivisch angelegten Straße, scheint der Komplex ein eigenes Bühnenbild darzustellen, dessen Proszenium die Fabrik selbst ist.

Die ehemalige Hauptstraße ist einer «Via Triumphales» entsprechend ausgebildet, mit Skulpturenreihen und ehemals beleuchteten doppelten Stelen, die nur ein Ziel hatte: das Tor der Fabrik. Genau in der Achse lag eine Sportanlage, ein großes Schwimmbad, welches ebenfalls mit einer beleuchteten Kaskade einst ein eindrückliches Schauspiel abgegeben hatte.

a   Torviscosa, ehemalige Viale Villa

b   Entwurfszeichnung des Palazzo Comunale von Giuseppe de Min

c   Torviscosa, Piazza Popolo mit dem Palazzo Comunale

Eine zweite Typologie wurde für die Reihenhäuser der Arbeiter entwickelt. Sie haben auf ihrer Rückseite ein kleines Grundstück für den Eigenbedarf an Obst und Gemüse. In der Sockelzone wird das Motiv des roten Ziegels wieder aufgenommen und die Gartenseite zeigt mit großen Rundbögen ländliche italienische Architekturmotive, wie sie sich auch in den Entwürfen Aldo Rossis finden. Ganz bewußt sollten in den neuen Gründungsstädten die Wohnhäuser der Arbeiter und Bauern auf dem Lande aufgewertet werden, hier in der Sprache der traditionellen italienischen Landhäuser.

Die dritte Typologie findet sich im Mittelpunkt der Stadt, im Palazzo Comunale. Die rechtwinklig um den Platz des Volkes – ursprünglich Piazza dell'Imperio – angelegten Gebäude haben tiefe Arkaden mit schwerer tektonischer Massenwirkung und auf tiefe Schattenwirkungen angelegten Maueröffnungen. Sie scheinen ohne das ikonographische Repertoire Giorgio de Chiricos kaum denkbar. Auch einige wenige erhaltene Entwürfe de Mins zeigen die eindeutige Inspiration von de Chiricos «italienischen Plätzen». Wie in einem Werk der metaphysischen Malerei, so läßt sich auch hier die Gegenwart von priesterlichen «beunruhigten Musen» spüren, eingefügt in einen erweiterbaren Raum, fern von allen naturalistischen Momenten, dafür durchdrungen von abstrakter Atmosphäre, scheinbar außerhalb der Zeit. Die Architektur und der Außenraum erhält – umgesetzt im Palazzo Comunale – die Bedeutung, die sich in den Bildinhalten des «städtischen Universums», der «Cittá Metafisica» de Chiricos, in seiner Suche nach Ausdruck andeutet. Bei allen metaphysischen Qualitäten entspricht der Platz zugleich den menschlichen Maßen, es finden sich weder klassische Säulen, noch überhöhte Architrave oder Attiken.

a

b

c

In Torviscosa lassen sich beispielhaft Zusammenhänge zwischen den Bildwelten der Futuristen und insbesondere der Pittura Metafisica und rationalistischer Architektur herstellen, diese Architekturmotive finden sich auch in der frühen Architektur Aldo Rossis wieder.[25] Für Zeitgenossen war die Stadt der Viskose die Umsetzung futuristischer Leitbilder schlechthin, und da schließt sich wiederum der Kreis: Marinetti selbst war von Torviscosa so angetan, daß er zur Eröffnung der neuen Stadt, zwei Jahre vor seinem Tod, ein «Il Poema di Torre Viscosa»[26] geschrieben hat, das er Mussolini widmete. Mit diesem Gedicht von Torviscosa, das mit dem Satz «freie futuristische Worte von Filippo Tommaso Marinetti» unterschrieben ist, ließ Marinetti noch einmal die Emphase und den Überschwang des Futurismus erklingen, den er offensichtlich in diesem kleinen Ort verwirklicht sah. In emphatischem italienisch schrieb er eine acht Seiten lange Ode an die kleine Stadt, die er gerade – natürlich mit dem Flugzeug – besucht hatte: «Von der Straße schoß drei Meter von der dröhnenden und hustenden Haube eines glänzenden Automobiles ein Flammendreieck, das sich mit dem glitzernden Propeller eines Flugzeuges verband ... Ein futuristischer Flug-Dichter seufzte, gerade war er vom Himmel gekommen, er war satt vom Weltraum und vergiftet vom starken Dröhnen und von den verschlungenen Entfernungen ... Rote Baukörper, mit weißen Augen erbrechen rostbedeckte Arbeiter mit ihren dampfenden Abfallwagen für ein neues Schicksal der blutenden Schilfrohre ... Kleine Lichttropfen, gestikulierende Arbeiter im funkelnden Einschnitt des Beils vom Turm in Form des römischen Bündels ... Schwimmbäder für die Arbeiter, Kinder der Arbeiter, Fußballfelder und Bocciabahnen, Theater und Kantinen für tausend Arbeiter, hoher Platanen- und Roßkastanienwald für ein Volk von Fahrrädern ... Reise in die Höhe, Reisen ohne Ziel in den neuen Sternenbildern, deren Sterne das Wort Autarkie bilden ...»

Der «Modellfall» Torviscosa veranschaulicht auf zweideutige Weise, daß Modernität und totalitäre Ideologie sich nicht ausschließen, wie es die Aufarbeitung des Phänomens der Architektur des Neuen Bauens in Deutschland lange Zeit proklamierte. Es bleibt hypothetisch: hätten die Protagonisten des Neuen Bauens den Begriff der Innovation und der Modernität nicht zu einseitig auf eine industriell betonte Ästhetisierung des Bauens beschränkt, wäre sie nicht in dem Maße gescheitert, wie es die Tradierung der Architektur des italienischen Rationalismus hinlänglich erahnen läßt.

J. Christoph Bürkle

a

---

25 Bereits sehr früh hat Peter Eisenman auf diesen Zusammenhang verwiesen. In der Schrift mit dem «The House of the Dead as the City of Survival, der 1979 im «Institut for Architecture and Urban Studies» in New York erschienen ist, vergleicht Eisenman die Bilder de Chiricos mit den Zeichnungen Aldo Rossis und stellt allegorische Bedeutung der «Wiederkehr des Poeten», 1911 von de Chirico einem Schulgebäude von Rossi von 1972 gegenüber.

26 Filippo Tommaso Marinetti; Il Poema di Torviscosa, Parole in libertà futuriste, Milano, Officine Grafiche Esperia 1938.

a   F. T. Marinetti, Il Poema de Torre Viscosa, 1938

b   Torviscosa, Wohnhäuser

c   Giogio de Chirico, Geheimnis und Melancholie einer Strasse, 1914

d   Aldo Rossi, Gianni Braghieri; Cimitero Modena, 1971

e   Torviscosa, Bisulfattürme und Gleisanlagen

a

c

b

d

e

f

g

a   Vogelsperspektive von Torviscosa, vierziger Jahre

b   Torviscosa, Piazza Marinotti, ehemals Piazza Autarchia, mit Theater und Restaurant

c   Torviscosa, Fabrikanlage für die Herstellung von Viscose

d   Torviscosa, Eingang der Fabrik

e   Blick auf das Theater, vierziger Jahre

f   Blick auf das Theater, heutiger Zustand

g   Torviscosa, Schulhaus

Die Architekturmodelle

Die Architekturmodelle

42 ... 47		Danteum, Rom, 1938
48	49	Appartamenti Novocomum, Como, 1927–28
50	51	Albergo Posta, Como, 1930–35
52	53	Villa al mar o sul lago, 1932
54	55	Casa sul lago per l'artista, 1933
56	57	Casa Ghiringhelli, Mailand, 1933–34
58	59	Casa Toninello, Mailand, 1933–35
60	61	Casa Rustici, Mailand, 1933–36
62	63	Casa Rustici-Comolli, Mailand, 1935
64	65	Casa Pedraglio, 1935–37
66	67	Villa sul lago, 1936
68	69	Villa del floricultore, Rebbio, 1936–37
70	71	Villa Bianca, Seveso, 1936–37
72	73	Casa Giuliani-Frigerio, Como, 1939–40
74	75	Casa d'affito, Cernobbio, 1938–39 (Cesare Cattaneo)
76	77	Asilo Sant'Elia, Como, 1936–37
78	79	Palazzo Littorio, Rom, 1934
80	81	Casa del Fascio, Lissone, 1939
82	83	Casa del Fascio, Como, 1932–36

Danteum, Rom, Projekt 1938. Der Entwurf des Danteums ist in Zusammenarbeit mit Pietro Lingeri entstanden. Den Auftrag dazu erteilte der Direktor der Kunstakademie Brera.

Die Aufgabe bestand darin, ein Dante- Studienzentrum und Museum innerhalb der archäologischen Zone in Rom zu entwerfen. Der ausgewählte Standort an der Via dell' Imperio liegt an einer der von Mussolini neu geschaffenen Aufmarschachsen vom Kollosseum zum Monumento Vittorio Emanuelle II. Das Danteum sollte an dieser Achse, gegenüber der Maxentius Basilika entstehen. Durch diesen Standort wird die politische Bedeutung des Projektes unterstrichen. Der Entwurf ist eine Umsetzung der «Göttlichen Komödie» von Dante in strenge geometrische Architektur.

In der Anordnung der Räume und der Inszenierung des Lichteinfalls vollzog Terragni den Weg Dantes und seines Begleiters Virgil von den untersten Stufen der Hölle, bis zum Paradies nach. Das Paradies ist der abschliessende Raum im Danteum und nur von einer offenen Gitterstruktur nach oben begrenzt. 32 Glassäulen mit einem Durchmesser von 1 m und einer Höhe von 7,50 m tragen zu einer weiteren atmosphärischen Aufladung bei. Trotz seiner Größe und geometrischen Ordnung hätte das Danteum gegenüber der Maxentius Basilika, dem Kolosseum und den Überresten des antiken Stadtkerns, keine dominierende Stellung eingenommen.

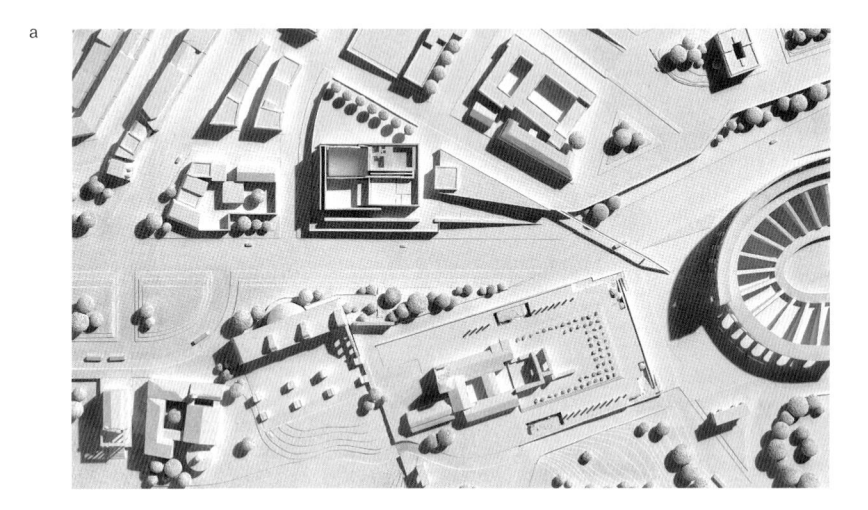

a

a   Städtebauliches Umgebungsmodell Maßstab 1:100, Helmut Warnstedt
b   Ablauf der Realisation, Collage Frederike Putz

Grundriß, Niveau 1,60

Digitale Rekonstruktion: Frank Otto, Jean Pommée und Benjamin Poppe
Quelle: Bruno Zevi, 1968

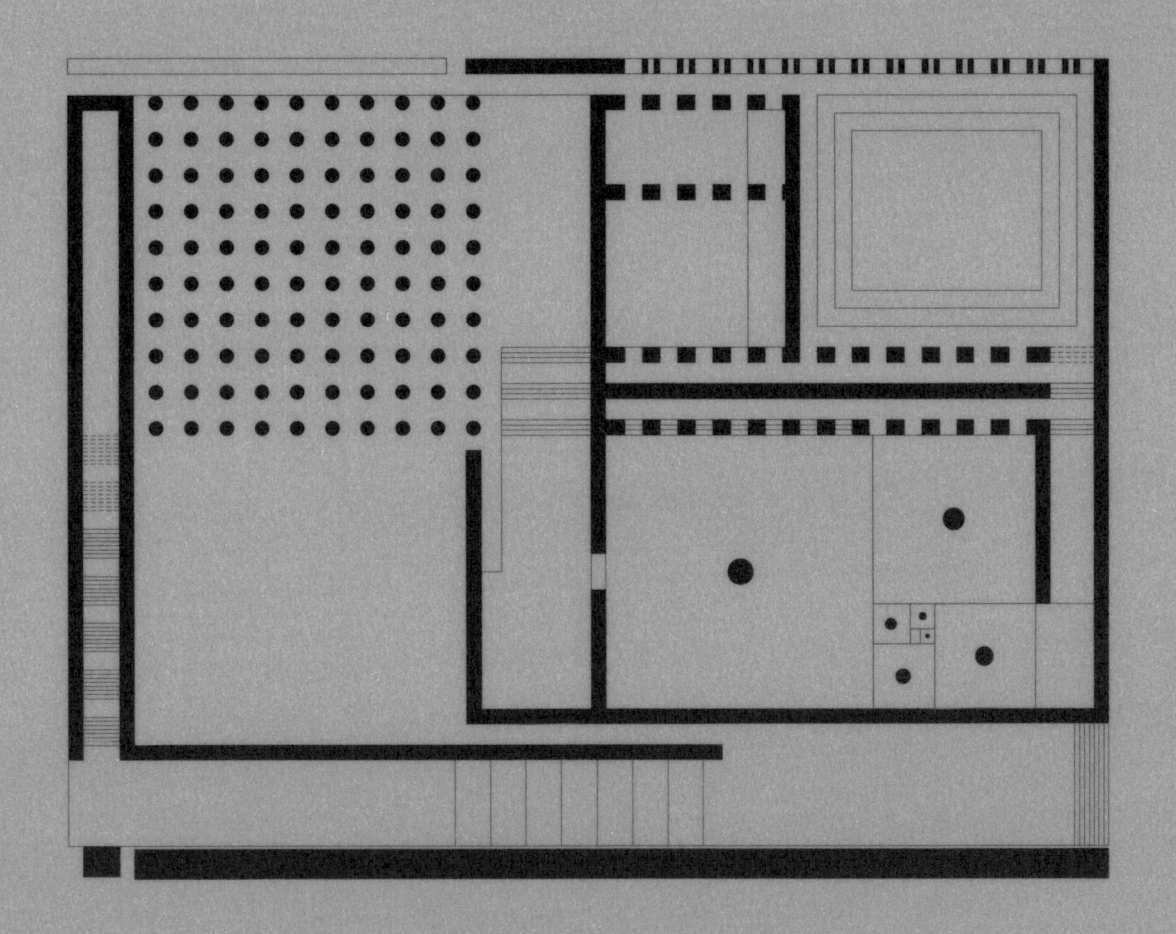

Danteum

Bauhaus museum

Grundriß, Niveau 1, 50

Digitale Rekonstruktion: Frank Otto, Jean Pommée und Benjamin Poppe
Quelle: Bruno Zevi, 1968

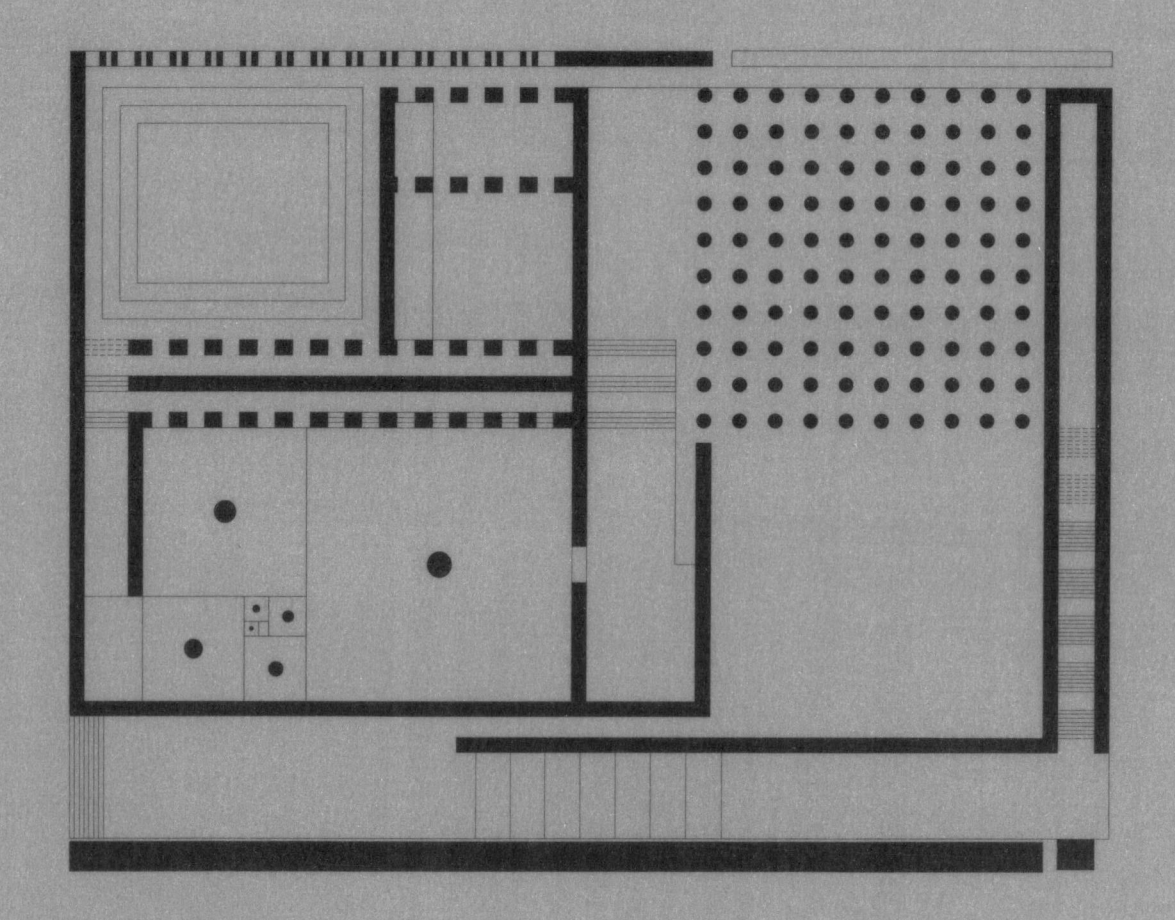

Die Architekturmodelle 43

b

Modell   D. Bäumler, A. Ehbrecht (Projektleitung) in Zusammenarbeit mit D. Dera, T. Schäfer und S. Vorpahl

Modell im Maßstab 1:20. Alle Wandelemente sind als Gipseinzelteile in Holzschalungen
gegossen, teilweise mit Styroporkern, Decken und Treppenanlagen in Holz ausgeführt.
Verarbeitet wurden 1,4t Gips, die Bauzeit betrug ca. 2000 Stunden.
Maße des Modells: Länge: 3,55 m; Breite 2,74 m; Höhe 0,85 m
Grundplatte: Länge: 4,05 m; Breite: 3,25 m

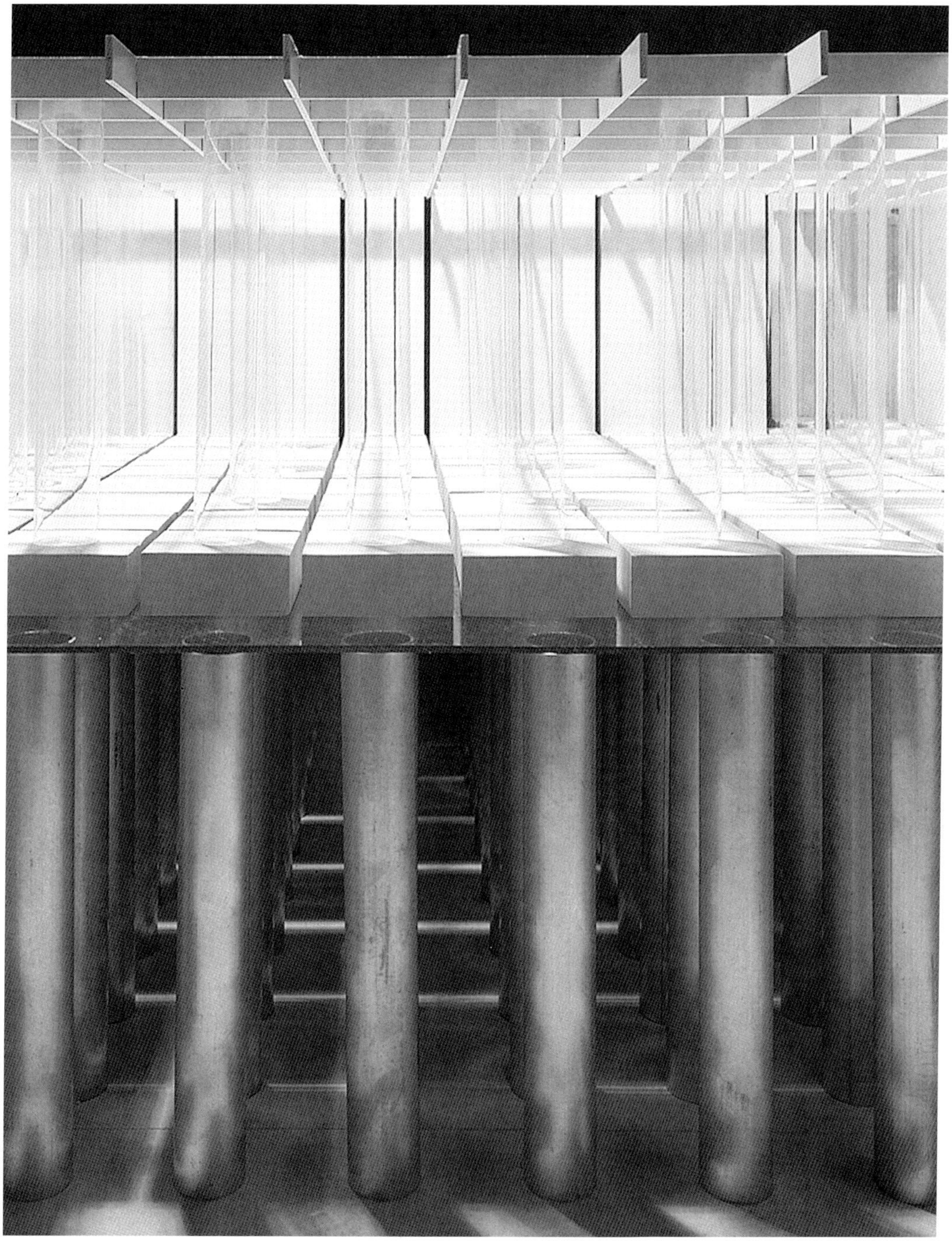

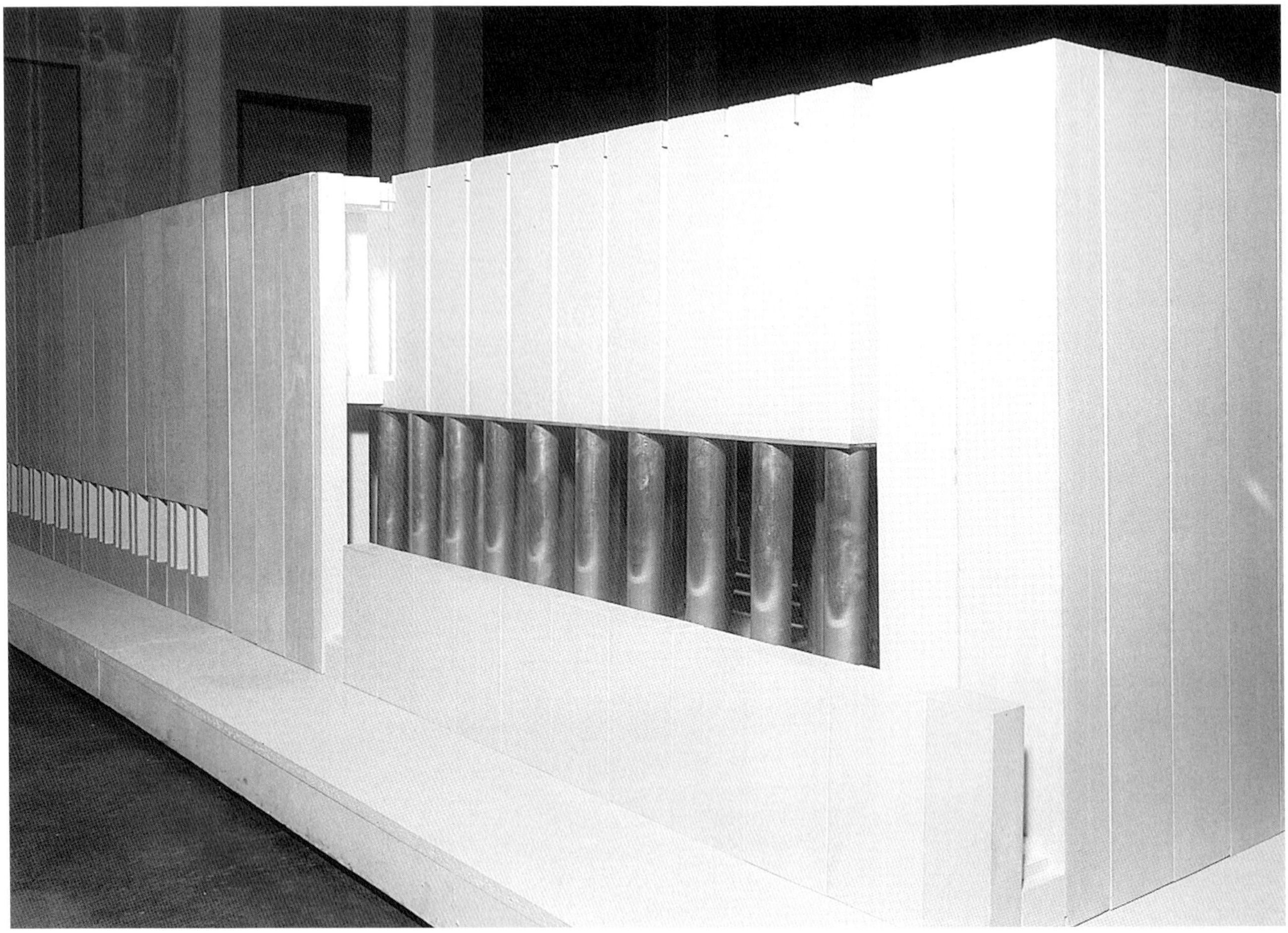

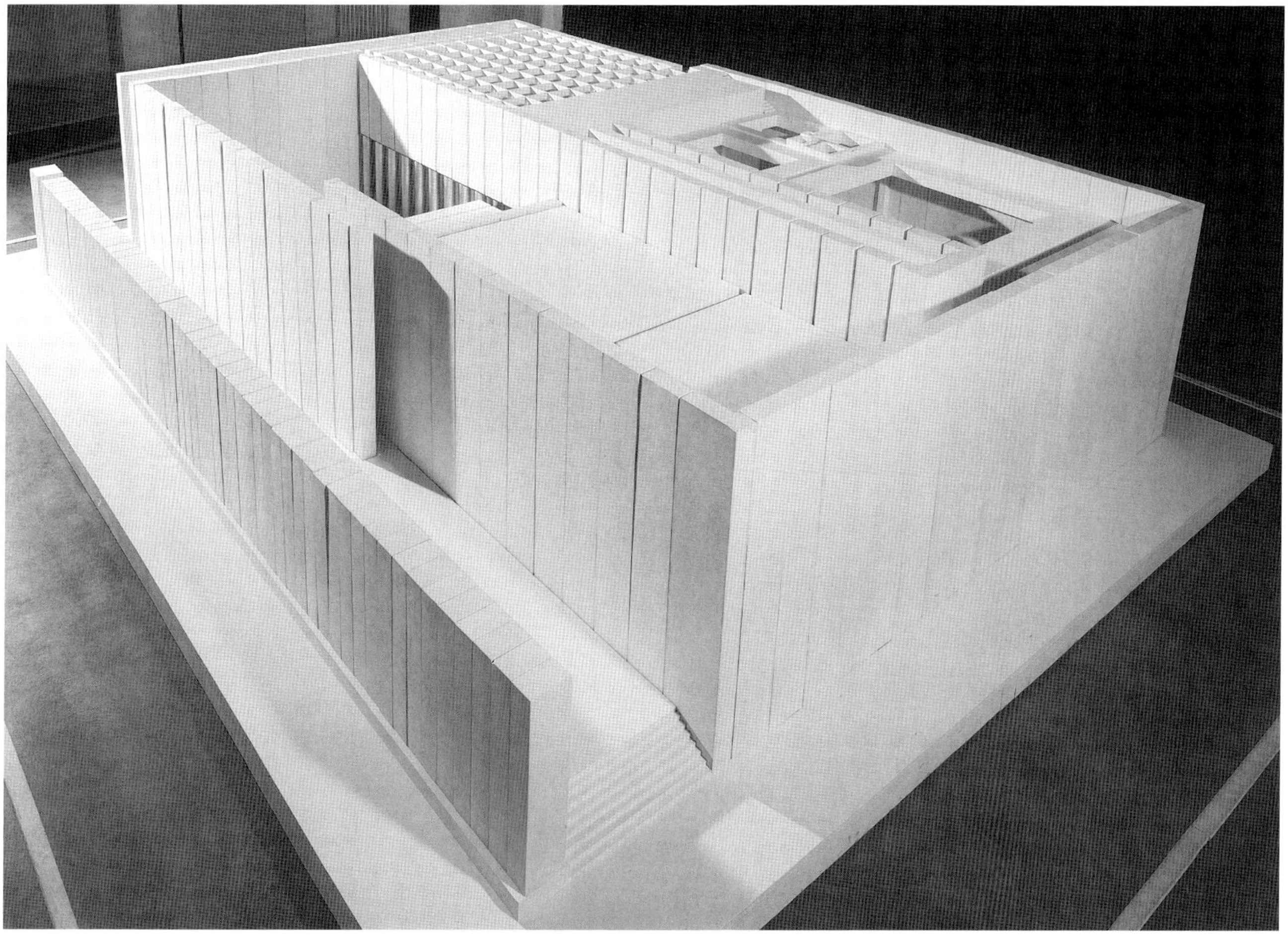

Appartamenti Novocomum, Como, 1927–28. Das Novocomum ist eines der ersten Gebäude des damals 23jährigen Terragni. Dank des in den ersten Zeichnungen klassizistisch dekorierten Entwurfes erreichte er bei der Baukommission eine Bauerlaubnis. Das realisierte Bauwerk jedoch muß eindeutig der europäischen Avantgarde zugeordnet werden und bringt zugleich den Durchbruch des Rationalismus in Italien.

Das Grundstück des Novocomum, direkt am Comer See gelegen, hat die Form eines langgestreckten Rechtecks. Da die eine Hälfte des Grundstücks bereits von einem im Grundriß U-förmigen Gebäude bebaut ist entscheidet sich Terragni dafür diese Grundrißform zu übernehmen. Es entsteht letztendlich ein vollkommen geschlossener längsrechteckiger Innenhof in den zwei weitere, kleinere Anbauten hineinragen.

Die fünf Vollgeschosse nehmen, mit Ausnahme des Erdgeschosses, in dem sich Büros und Arbeisräume befinden, nur Mietwohnungen auf. Zu erschließen sind die jeweiligen Geschosse mit je acht Wohnungen durch drei hofseitig angeordnete Treppenhäuser von denen jedes zusätzlich mit einem Fahrstuhl ausgestattet ist. Die Anordnung der Treppenhäuser korrespondiert mit der Eingangshalle auf der Mittelachse des Gebäudes. Auf dem Dach befindet sich eine zum See geöffnete Terrasse, die auf der Rückseite abgeschirmt ist. Die Strassenfassade ist besonders gekennzeichnet durch die Negativecken, in denen Glaszylinder eingeschoben sind, die durch die umlaufenden Fassadenbänder eingebunden werden. Im vierten Stock wird der Zylinder von der umlaufenden Deckenplatte als Balkon eingefaßt und stößt von unten in die Bodenplatte des weit und kantig auskragenden fünften Stockwerkes.

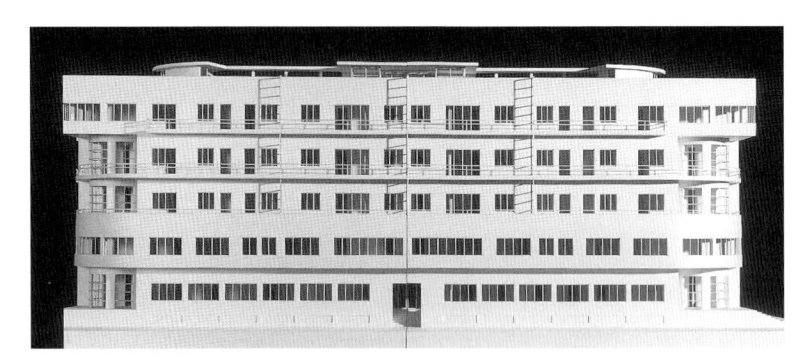

a

b

Modell	Hagen Dorow, Maren Pfützenreuter, Stephan Apel und Philippa Strube
a	Strassenfront
b	Rückansicht Längsseite mit Blick in den Innenhof
c	Perspektivische Seitenansicht mit Glaszylinder. Fassadengestaltung: hellbrauner Verputz, in den Einbuchtungen und unter den Überhängen orange, Schlösser rot und orange, Geländer blau, Rolljalousien grau-grün.

Grundriß, Obergeschoß

Digitale Rekonstruktion: Maren Pfützenreuter, Frank Otto
Quelle: Bruno Zevi, 1968

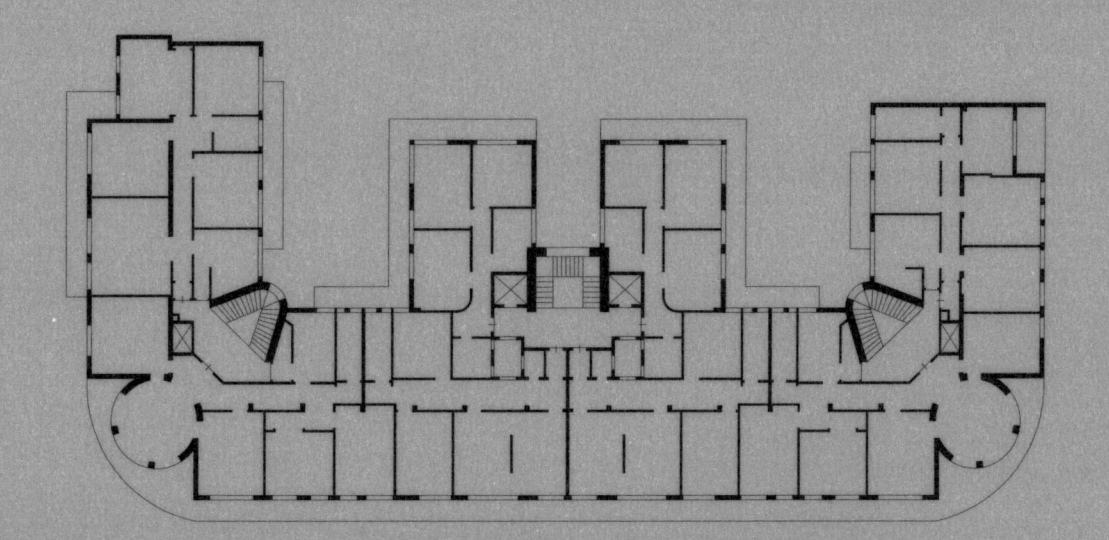

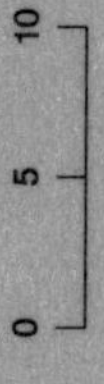

Novocomum

0 5 10

NOWOCOMUN

Grundriß, Obergeschoß

Digitale Rekonstruktion: Maren Pfützenreuter, Frank Otto
Quelle: Bruno Zevi, 1968

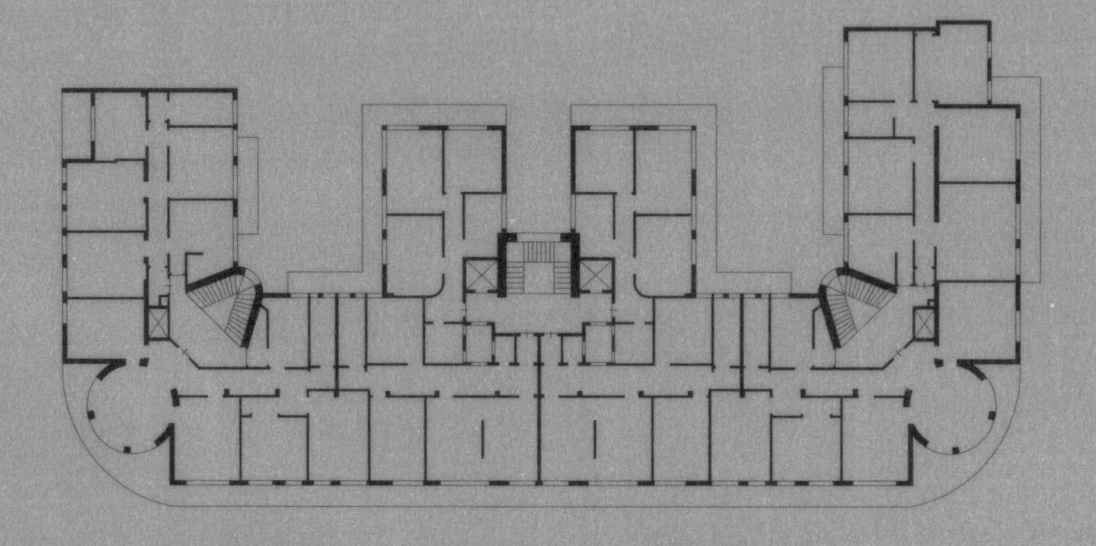

c

Albergo Posta, Como, 1930–35. Den Auftrag zum Entwurf einer Pension mit Restaurant erhält zunächst Attilo Terragni. Sein Bruder Giuseppe übernimmt das Projekt in der ersten Bauphase.

Das Grundstück liegt im Zentrum von Como, unmittelbar am See. Beschwerden der örtlichen Behörden führen zu einer zeitweisen Unterbrechung der Bautätigkeit und zwingen Terragni zu erheblichen Kompromissen in der Ausführung. Das Gebäude gruppiert sich um einen allseits geschlossenen Innenhof. Über dem Restaurant im Erdgeschoß und einem Gemeinschaftsraum für Gäste im ersten Obergeschoß befinden sich in den oberen Geschossen die Gästezimmer. Trotz der Kompromisse, die Terragni eingehen mußte, geht er doch den beim Novocomum (1928) eingeschlagenen Weg weiter, was sich sowohl im Raumgefüge als auch in Details der Ausstattung zeigt.

Modell   Jan Habermann, Jörg Bornholdt

a   Perspektivische Frontansicht

Grundriß, Obergeschoß

Digitale Rekonstruktion: Frank Otto
Quelle: Thomas L. Schumacher, 1991

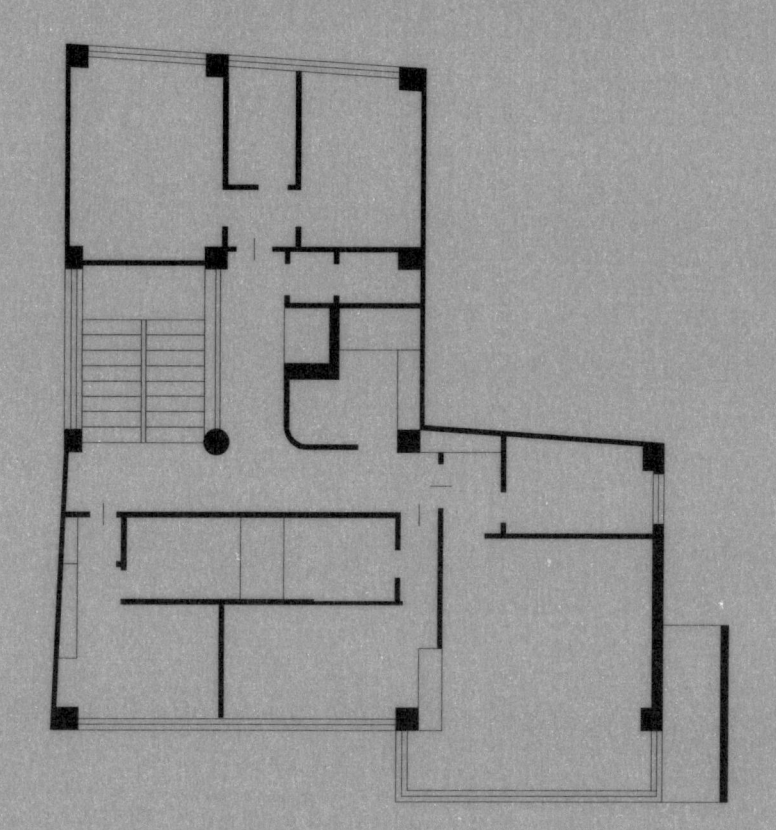

Albergo Posta

Albergo posta

Grundriß, Obergeschoß

Digitale Rekonstruktion: Frank Otto
Quelle: Thomas L. Schumacher, 1991

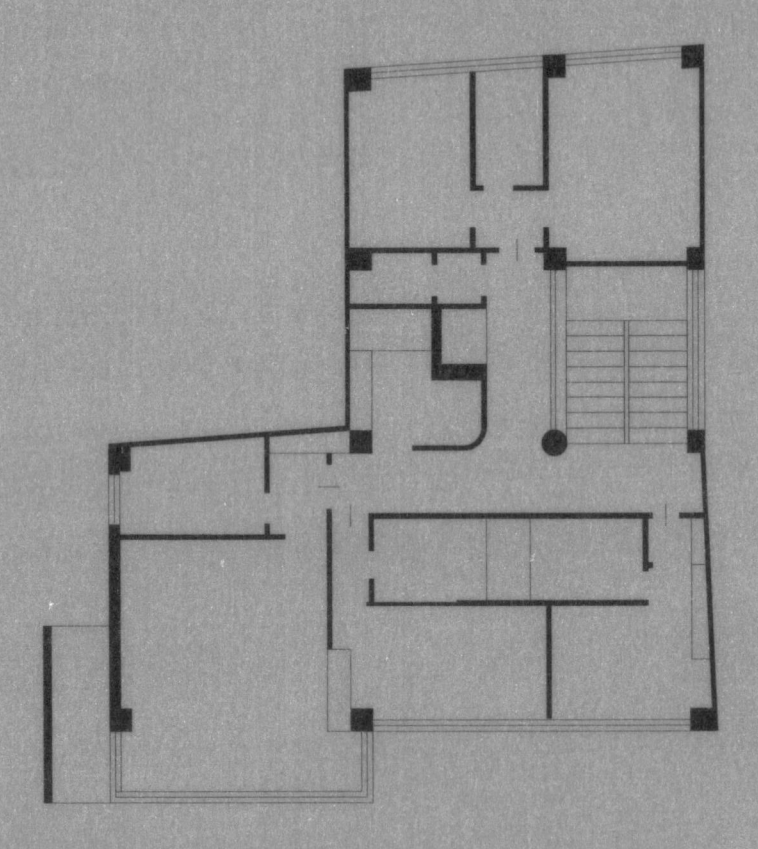

a

Villa al mar o sul lago, 1932. Das Projekt reiht sich in eine ganze Serie von Arbeiten zum Thema Villa. Terragni entwarf einen mehrgeschossigen Kubus, der an der Abbruchkante einer Hanges steht und bis ins Wasser reicht.

Einem sich über zwei Ebenen entwickelnden Wohnraum ist auf der Seeseite eine Veranda vorgelagert. Es gibt ein Sockelgeschoß mit Nebenräumen und einer Verbindung zu dem in das Haus integrierten Bootsliegeplatz. Eine Mole ist in den See herausgeschoben und schwingt in einem Viertelkreis aus. Das Haus öffnet sich hier und bietet dennoch Schutz. Anders auf der kurzen Landseite. Die Flucht der Mole aufnehmend, mehrfach gewinkelt, ist diese rückwärtige Hausbegrenzung weitgehend geschlossen, Haus und Bewohner werden abgeschirmt und sind auf diese gegensätzliche Weise geschützt. Folgt man dieser «Bewegungslinie» in Richtung auf das Wasser, so gelangt man an Stützen und Wandscheiben vorbeigehend auf die Veranda, auf den auskragenden Balkon, um den Ausblick zu genießen. Hier kehrt sich die Bewegungsrichtung wieder um; zur Landseite ist sie mit Stützen und Wandscheiben formuliert, mit sehr differenziertem Aus- und Einblick in die Schichtungen, die den Charakter des Hauses bestimmen. Die Struktur der Fassade läßt deutliche Bezüge zu Bauhaus und De Stijl erkennen.

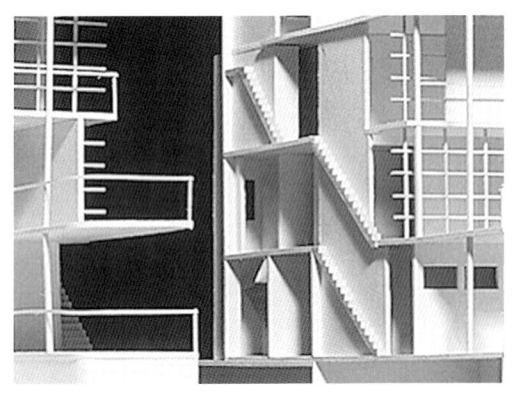

a   b

Modell	Sven Liebrecht, Jörg Thiel
a	Seeseite, Modell in der Mitte auseinandergeschoben
b	Detail
c	Seeseite, Modell geschlossen

Grundriß, Erdgeschoß

Digitale Rekonstruktion: Frank Otto
Quelle: Giorgio Ciucci, 1996

Villa al mar o sul lago

0 5 10

Villa al mare o sul lago

Grundriß, Erdgeschoß

Digitale Rekonstruktion: Frank Otto
Quelle: Giorgio Ciucci, 1996

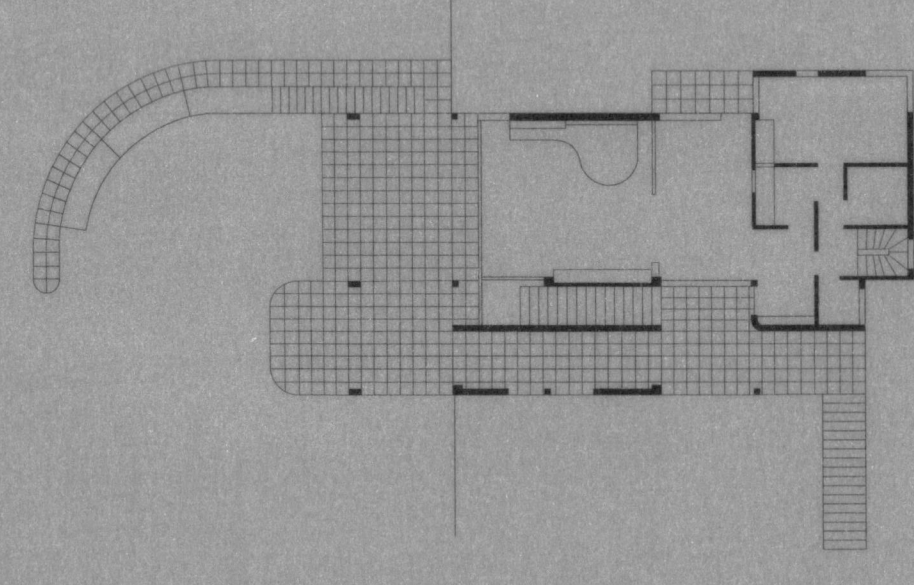

c

Casa sul lago per l'artista, Triennale Mailand, 1933, in Zusammenarbeit mit P. Lingeri, M. Cereghini, G. Mantero, G. Giussani, O. Ortelli, A. Dell'Aqua und C. Ponci. Die Gruppe entwirft für die V. Triennale in Mailand (1933) das Haus für einen Künstler. Das damals temporär errichtete Gebäude ist heute nur noch anhand von Fotos der Ausstellung, von Plänen und den Möbelentwürfen Terragnis, zu rekonstruieren.

Durch eine Galerie im Obergeschoß werden Atelier und Wohnbereich, die zwei eigenständige Baukörper bilden, miteinander verbunden. Das Atelier ist gegen Süden geschlossen und wird von der Nordseite, in der eine Wand aus Glasbausteinen etwa zwei Meter in die Dachfläche hereinläuft, belichtet. Die Wände waren mit Fresken und Malereien von Mario Radice gestaltet. Nach der Triennale wurde der Bau demontiert.

Giuseppe Terragnis Baubeschreibung: «Das Klischee ist veraltet, wonach sich der Künstler anders als alle anderen verhalten soll ... Das Haus des Künstlers ist das Haus eines intelligenten modernen Mannes mit Geschmack, der frei und bescheiden lebt und arbeitet.»

a

Modell	Henning Severmann, Said Hashmad Mushrief
a	Ansicht vom See
b	Nordseite, auf der linken Seite das Wohngebäude, rechts das Atelier

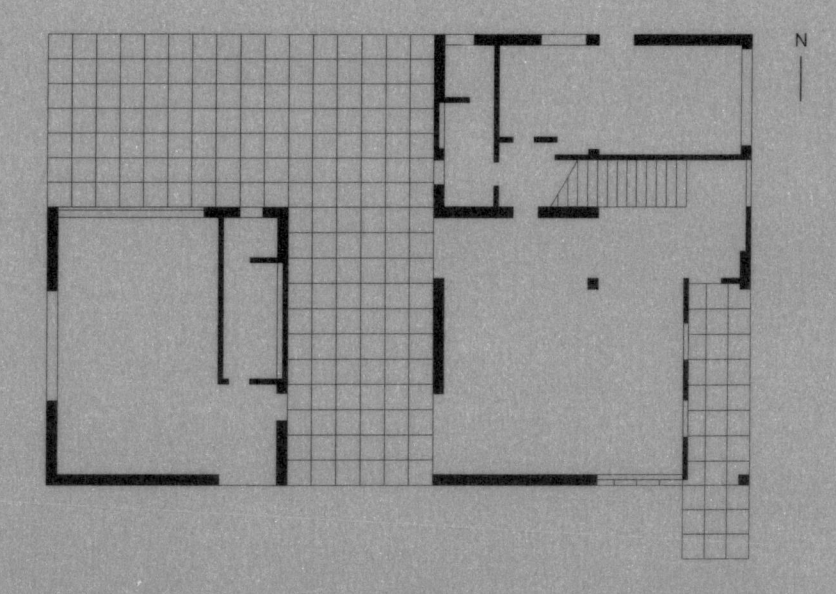

Grundriß, Erdgeschoß

Digitale Rekonstruktion: Frank Otto
Quelle: Germer/Preiß, 1991

casa sul lago per l'artista

Casa sul lago per l'artista

Grundriß, Erdgeschoß

Digitale Rekonstruktion: Frank Otto
Quelle: Germer/Preiß, 1991

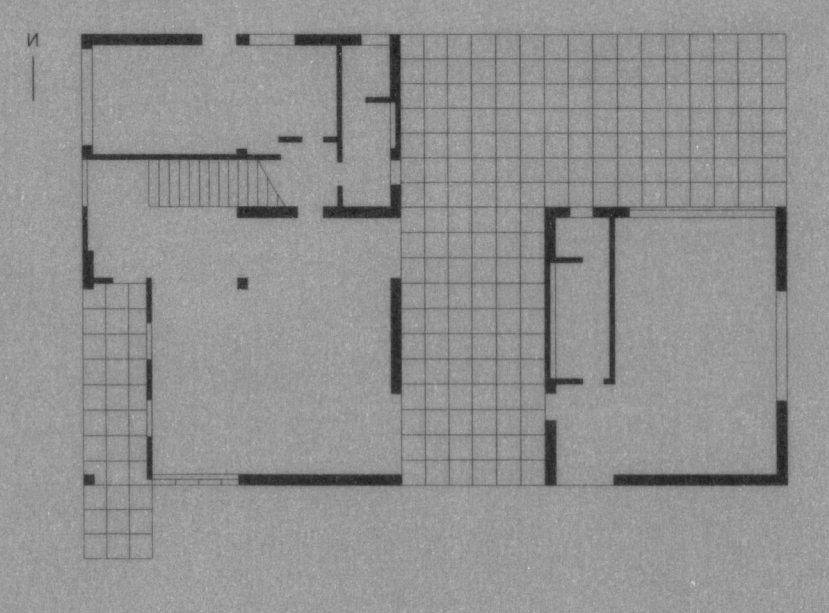

b

Casa Ghiringhelli, Mailand, 1933–34, mit P. Lingeri. Das Haus bildet den Abschluß eines Häuserblocks hin zur Piazza Lagosta. Der Kopfbau und die seitlich dem Straßenverlauf folgenden Flügelbauten schließen einen rückwärtigen Hofraum ein. Der Haupteingang liegt auf der Mittelachse der Platzfassade. Die in den Hofwinkeln gelegenen Treppenhäuser werden über einen von der Eingangshalle abzweigenden Flur erschlossen. Im Erdgeschoß gibt es einige Ladengeschäfte, in den Obergeschossen je sechs Wohnungen unterschiedlicher Grundrißdisposition. Ein Penthouse und Atelier bildet das Dachgeschoß.

Terragni arbeitet mit der optischen Gegenüberstellung von Sockelzone und Obergeschossen, die Erdgeschoßfassade verspringt hinter die der Obergeschosse. Während im Erdgeschoß die Ecken abgerundet sind, prägen klar geschnittene Kanten in der Fassade der Obergeschosse die Kontur des Hauses. Der Eindruck einer horizontalen liegenden Fassade wird noch verstärkt durch die dunkle Farbe der Steinverkleidung.

Modell   Christian Siegemund, Michael Gehrmann und Marc Lüders

a   Perspektivische Straßenansicht

Grundriß, Obergeschoß

Digitale Rekonstruktion: Frank Otto
Quelle: Germer/Preiß, 1991

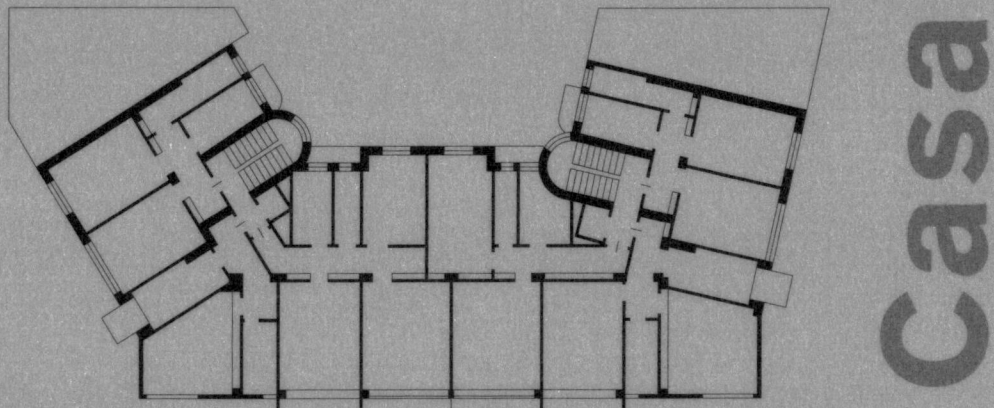

Casa Ghiringhelli

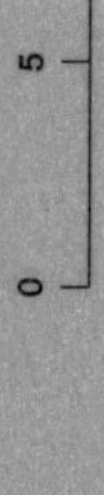

casa Chirurgiella

Grundriß, Obergeschoß

Digitale Rekonstruktion: Frank Otto
Quelle: Germer/Preiß, 1991

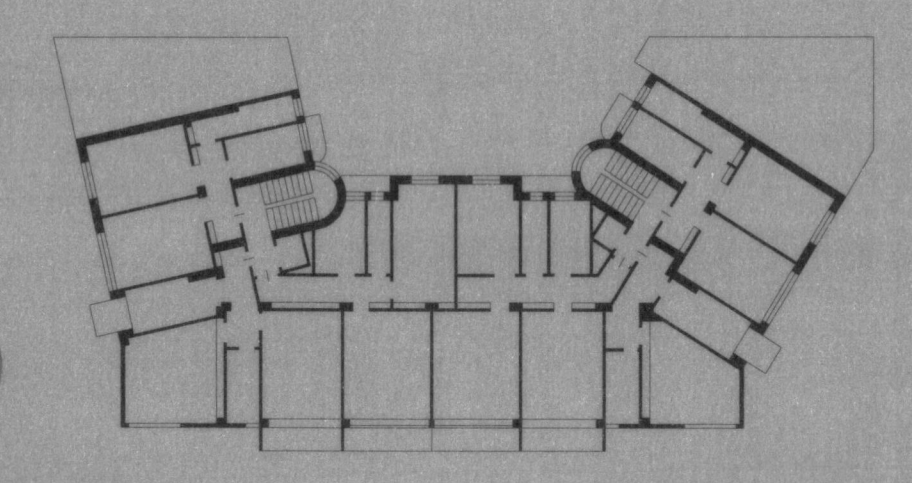

a

Casa Toninello, Mailand, 1933–35. Das Vorderhaus an der Straße wie auch der rückseitige Bau werden über einen Seitenflügel miteinander verbunden und von hier aus erschlossen. In der straßenseitigen Fassade des Vorderhauses überlagern sich vertikale und horizontale Elemente. Die Wohnungen des jeweils fünfgeschossigen Vorder- bzw. Hinterhauses werden über einen sehr schmalen Gang, der sich zum Treppenhaus ausweitet, verbunden und erschlossen. Die Grundrisse der Wohnungen sind der Situation entsprechend, konventionell, mit gefangenen Räumen, teilweise nur einseitig belichtet und belüftet.

Die Dreiteilung des Grundrisses ist in der Fassade der Straßenseite des Vorderhauses deutlich ablesbar durch Schichtungen gesteigert oder überspielt. Die Außenwand tritt als Grund gegenüber den angrenzenden Bauten vom Erdgeschoß bis zum dritten Obergeschoß zurück. Die mittlere Raumachse des Erdgeschosses springt in diese Flucht vor, überspringt diese in den Obergeschossen deutlich und bildet ein Mittelrisalit. Dieser Risalit wird eingefaßt durch die Loggien der seitlich angrenzenden Raumachsen und wird gleichsam eingerahmt durch die Eingrenzung der Dachterrasse des vierten Obergeschosses. Die straßenseitige Begrenzung des Rahmens, die Gitter der Loggien, der Dachterrasse liegen in der Flucht der Nachbarbebauung. Der Fassadengrund löst sich im vierten Obergeschoß in zwei Stützen auf und gibt den Blick auf die zurückgesetzte Fassade des Dachgeschosses frei.

Modell   Kirstin Pugnat, Christina Holst

a   Frontansicht

Grundriß, Obergeschoß

Digitale Rekonstruktion: Maren Pfützenreuter, Frank Otto
Quelle: Germer/Preiß, 1991

Casa Toninello

Casa Toninello

Grundriß, Obergeschoß

Digitale Rekonstruktion: Maren Pfützenreuter, Frank Otto
Quelle: Germer/Preiß, 1991

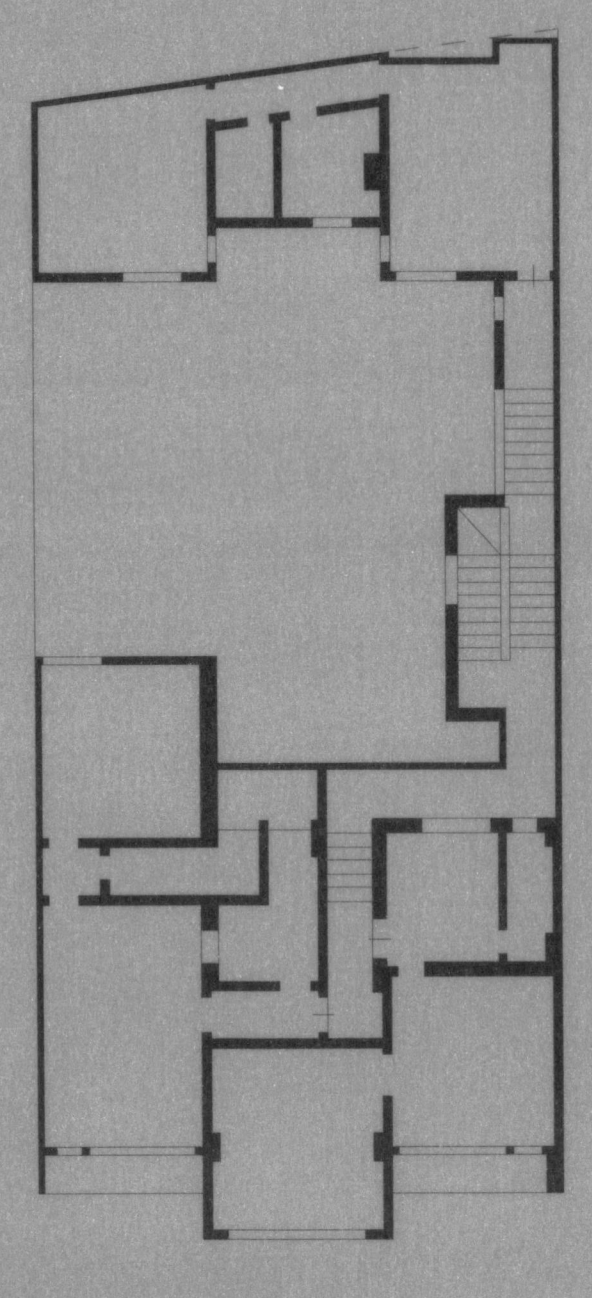

a

Casa Rustici, Mailand, 1933–36, in Zusammenarbeit mit P. Lingeri. Die Casa Rustici ist eines aus einer Reihe von fünf Mietshäusern die zwischen 1933 und 1937 in Zusammenarbeit mit Pietro Lingeri in Mailand entstanden sind. Das Grundstück am Corso Sempione, einer Prachtstraße und wichtigen Stadtachse in Mailand wird seitlich von zwei Querstraßen eingegrenzt.

Im Gegensatz zu einer konventionellen Lösung mit W-förmiger Bebauung entstehen hier zwei parallele Flügel senkrecht zur Achse des Corso, die den dazwischenliegenden Hofraum nach hinten und vorne öffnen. Anstelle einer Prachtfassade treten vorgehängte, stützenlose Balkongalerien, die in den oberen Geschossen die Stirnseite der beiden Flügelbauten verbinden. Leichtigkeit, Offenheit und Transparenz prägen so die Hauptansicht des Gebäudes und verleihen ihm seinen unverwechselbaren Charakter.

Eine Optimierung der Grundstücksnutzung veranlaßte die Architekten einen turmartigen Baukörper vor die Außenfassade des nördlichen Flügels treten zu lassen. Der Kontrast zwischen vertikalem Anbau und horizontal gegliedertem Flügel wird deutlich durch einen Wechsel in der Fassadengestaltung. Auffällig ist die Zerlegung der gesamten Oberfläche des Gebäudes in ein Liniensystem, welches sich beginnend bei den Marmorbändern der Fassade in den vorgehängten Balkonen, bis hin zu den Laufgängen, Dachstreifen und Rampen, den Geländern, Stützen und dem Fugennetz der Marmorverkleidung fortsetzt. Eine einheitliche Struktur prägt die Grundrisse der einzelnen Geschosse, die im Sockelgeschoß Büros und Dienträume und im Piano nobile die Wohnung des Hausmeisters beinhalten, in den oberen Geschossen jeweils drei Wohnungen. Erst im Dachgeschoß der beiden Flügelbauten wird mit dieser Grundrißstruktur gebrochen. Hier entwickelt sich die an einen Villentypus erinnernde freie Raumkonzeption, die sich nur durch die Fassade in das äußere Gestaltungssystem des Gesamtgebäudes integriert. Ein gedeckter Mittelgang, der frei über dem Hofraum schwebt verbindet die Staffelgeschosse des jeweligen Flügels.

b   a

Modell   Heinke Rutledge, Maike Carlsen, Andreas Verfürth und Fiona Krauss

a   Frontansicht

b   Frontansicht mit Einblick in den offenen Innenhof

c   Eckperspektive

Grundriß, Obergeschoß

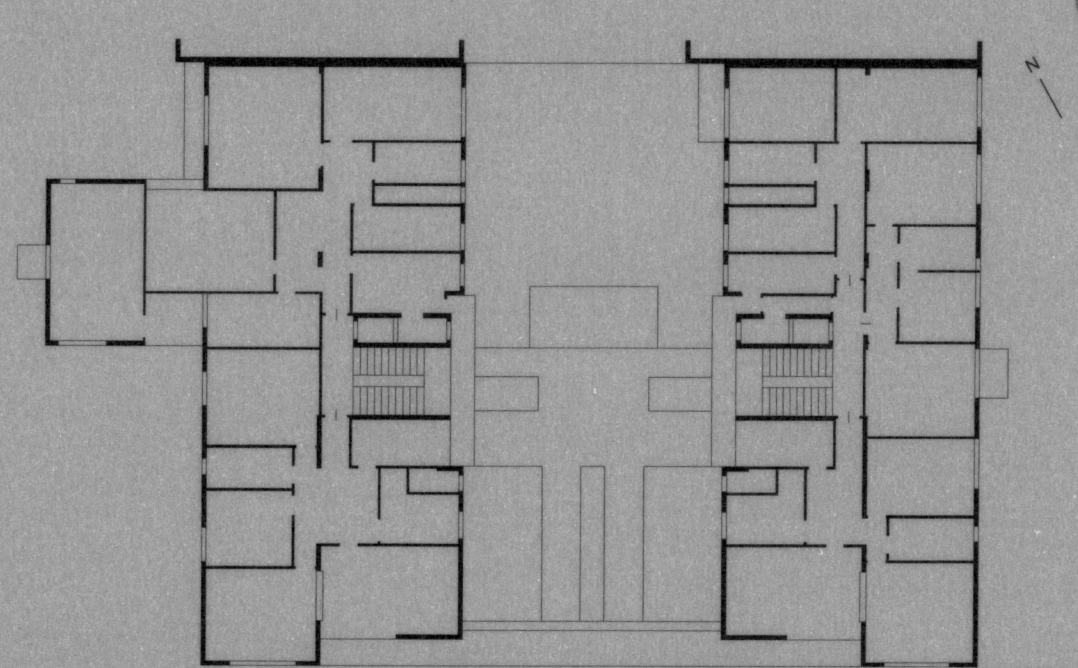

Digitale Rekonstruktion: Fiona Krauss, Frank Otto
Quelle: Germer/Preiß, 1991

Casa Rustici

Casa Rustici

Grundriß, Obergeschoß

Digitale Rekonstruktion: Fiona Krauss, Frank Otto
Quelle: Germer/Preiß, 1991

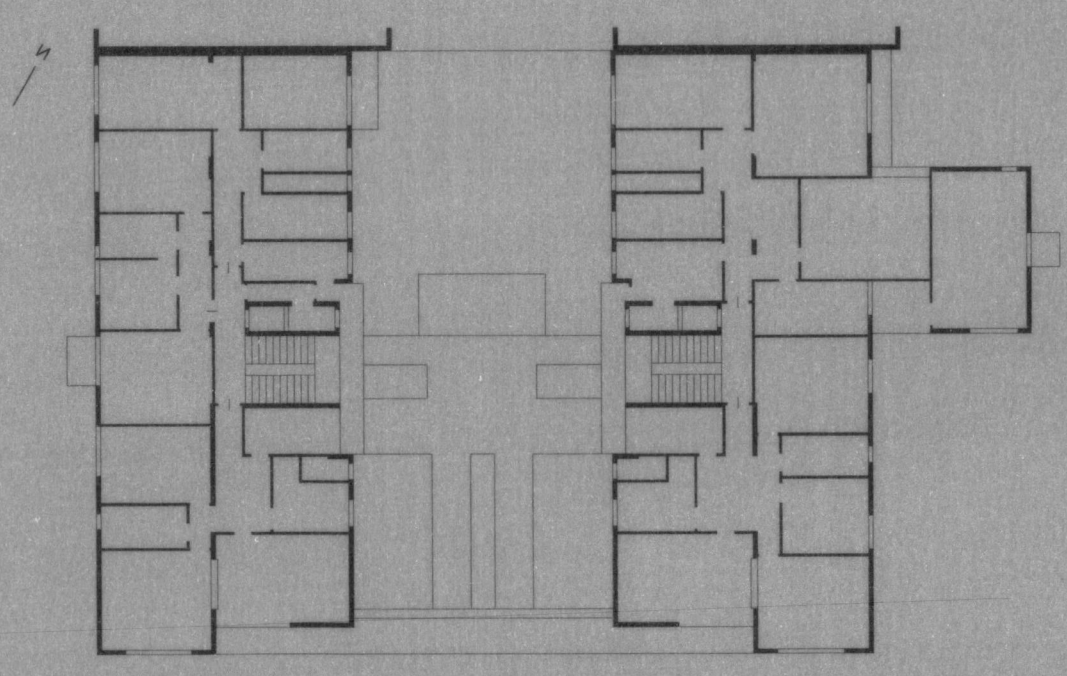

c

Casa Rustici-Comolli, Mailand, 1935, in Zusammenarbeit mit P. Lingeri. Ein weiteres Projekt im Auftrag der Familie Rustici war die Casa Rustici-Comolli. An der Ecke Via G. Pepe/Via Cola Montano wurde eigens für dieses Projekt ein Gebäude abgerissen.

Entlang der Via G. Pepe, die relativ einheitlich mit vier- bis fünfgeschossigen Zeilenhäusern bebaut ist, erreichten die Architekten eine Genehmigung für einen siebengeschossigen Gebäudeteil. Daran schliesst sich entlang der Via Cola Montano ein siebengeschossiger Flügel, der ein Stück zurückspringt. Die Verbindung zwischen den beiden Flügeln wird wieder hergestellt durch eine mehrgeschossige Balkongalerie. Ein dritter Flügel erstreckt sich an der Grenze zum Nachbarhaus, in der Via Cola Montano, über die ganze Tiefe des Grundstücks. Die Dreiflügelanlage umschließt einen rückseitigen Innenhof, durch welchen der dritte Flügel belichtet wird.

Eines der wichtigen Merkmale des aus mehreren Entwurfsphasen entstandenen Bauwerkes, ist die Gestaltung der Seitenfassade des hohen Baukörpers. Der schmale Wandstreifen mit seiner stark bis zur Ecke gezogenen Fensterachse, erzeugt ein starkes Spannungsverhältnis zu dem niedrigen, langgestreckten Flügel.

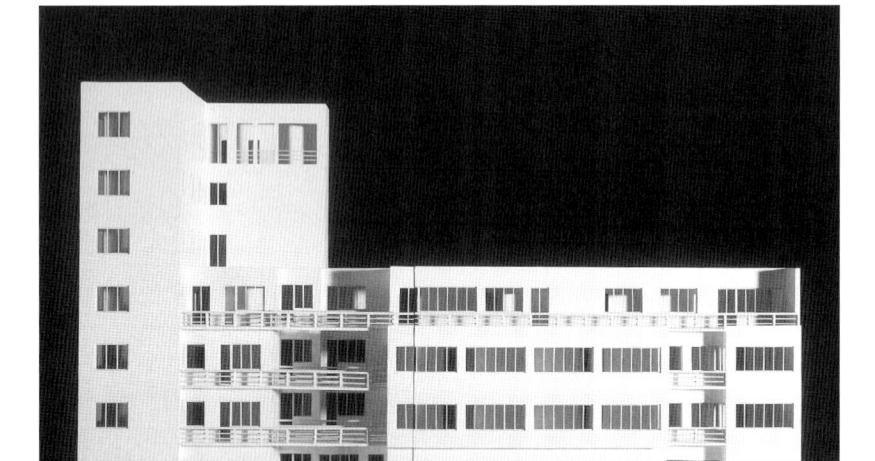

a

Modell	Andre Kieker, Carsten Kruizenga und Till Speetzen
a	Frontansicht zur Via Cola Montano
b	Blick in Richtung Via G. Pepe

Grundriß, Obergeschoß

Digitale Rekonstruktion: Frank Otto
Quelle: Comune di Milano, Ufficio Tecnico

Casa Rustici-Comolli

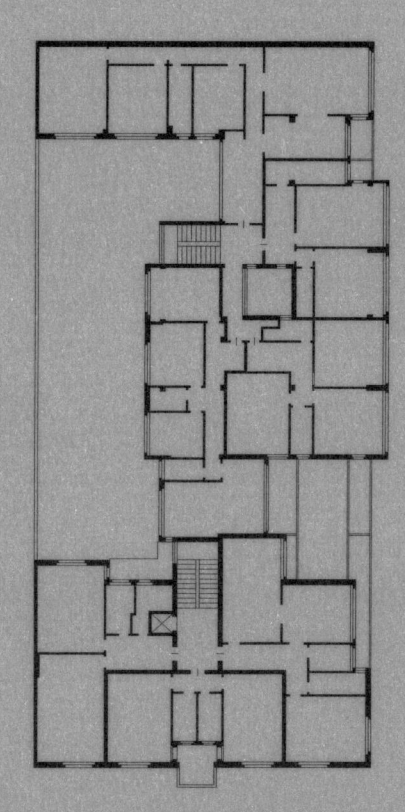

Casa Rustici - Como III

Grundriß, Obergeschoß

Digitale Rekonstruktion: Frank Otto
Quelle: Comune di Milano, Ufficio Tecnico

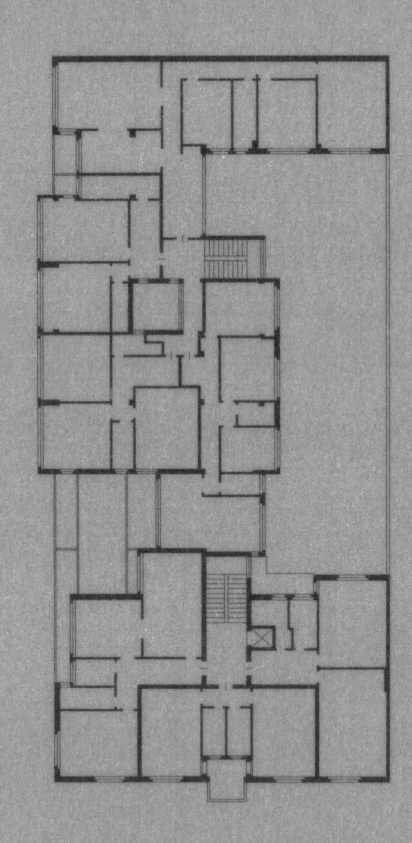

b

Casa Pedraglio, 1935–37. Bestimmend für die Fassade dieses Wohn- und Geschäftshauses sind die in eine große Fläche wie eingeschnitten wirkenden Fenster in den Obergeschossen. Ebenso die Auflösung der Fläche in der Ladenzone des Erdgeschosses, die einseitig vom Erdgeschoß bis zur Attika reichende Vertikalgliederung mit den eingeschobenen Balkonen, die auf Stützen ruhende Deckenscheibe als obere Begrenzung der Fassade sowie als Abgrenzung des Freiraumes der Dachterrasse. Die Wandscheibe im Erdgeschoß, die eine Schaufensterachse begrenzt, stört und erklärt zugleich: Die Fassade des ursprünglichen Entwurfes war symmetrisch aufgebaut. Eine Achse mit eingeschnittenen Fenstern und der Wandscheibe im Erdgeschoß fehlt ebenso wie die vertikal gliedernde Achse mit den Balkonen.

Die Fenster der Wohnungen sind eingerahmt, der Rahmen fehlt jedoch bei den Öffnungen im Erdgeschoß und als Begrenzung der Vertikalgliederung. Die U-förmigen Tröge der Balkone scheinen fast zu schweben, nur Stege der Bodenplatte binden in die Decke ein. Die füllenden Glasbausteine gehen in die Vertikale der Fenstergliederung über. Die massive Brüstung hält seitlich Abstand von den Wandscheiben, in der Front verbindet ein massiver Holm die seitlich geschlossenen Brüstungen. Das Feld zwischen Holm und Balkonplatte ist weitestgehend transparent.

Modell   Michaela Kientopf, Andrea Scholz

a   Frontansicht

Grundriß, Obergeschoß

Digitale Rekonstruktion: Frank Otto
Quelle: Bruno Zevi, 1968

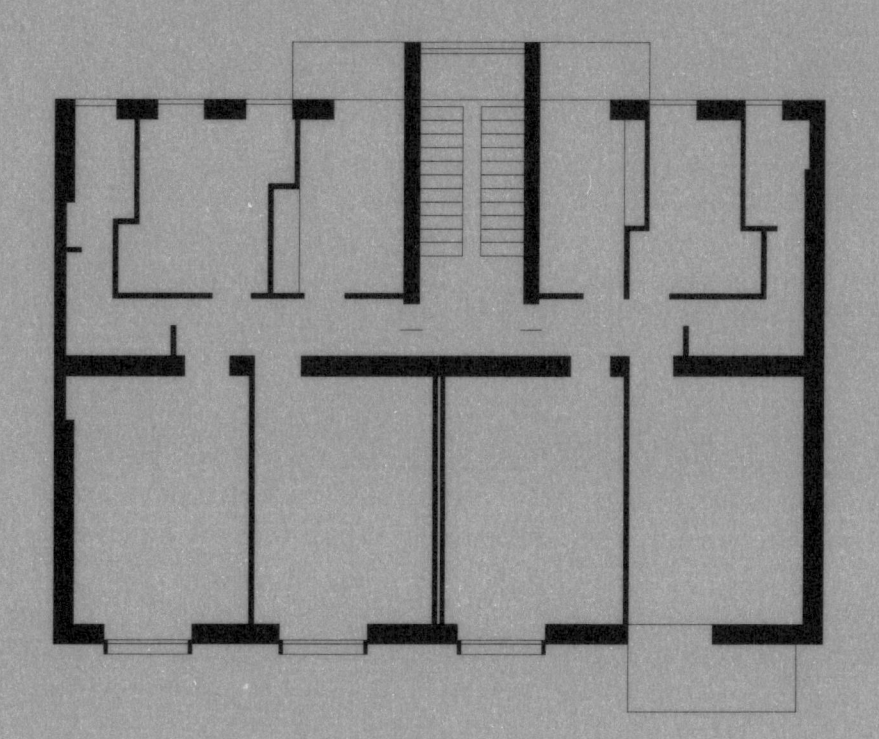

Casa Pedraglio

casa pedraglio

Grundriß, Obergeschoß

Digitale Rekonstruktion: Frank Otto
Quelle: Bruno Zevi, 1968

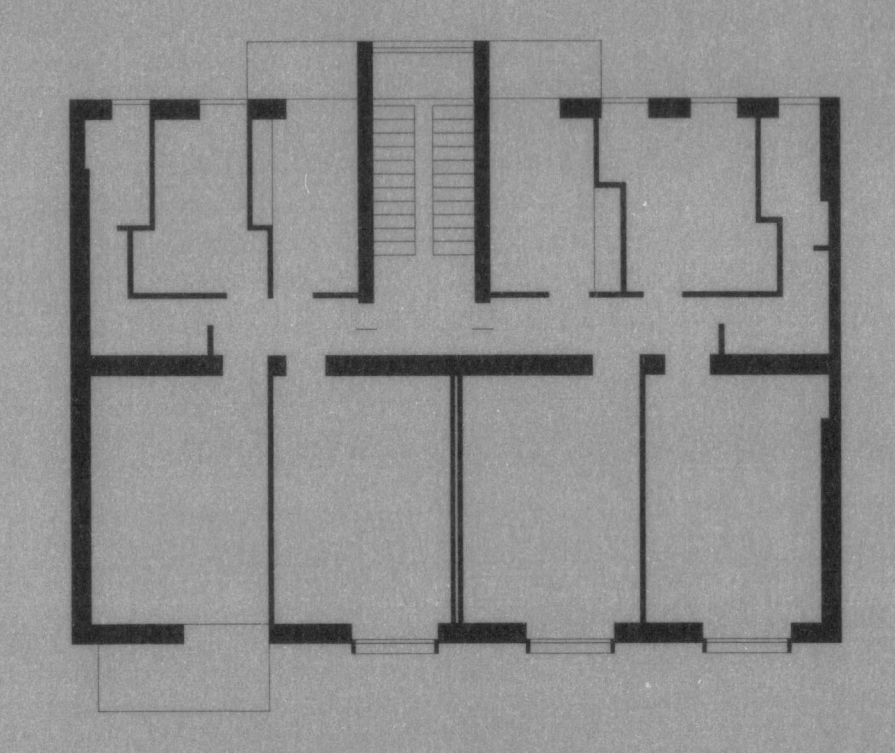

a

Villa sul lago, Projekt 1936. Terragni griff hier auf das Projekt der Villa al mar o sul lago von 1932 zurück, entwickelte differenziertere Raumfolgen im Grundriß und Schichtungen im Aufriß. Er konzipierte einen Skelettbau, der eine weitestgehend freie Grundrißentwicklung in den einzelnen Ebenen ermöglicht. Unterstrichen wird dies durch die Verwendung von Säulen an Stelle Richtung gebender Stützenquerschnitte. Die Säulen werden im Innenraum ausnahmslos freigestellt, hingegen werden im Außenbau alle Möglichkeiten durchgespielt: Freistellung, tangential Wände berührend, in Wandebenen einbindend. Mit der Verwendung von Säulen verstärkt Terragni die Wirkung der Flächigkeit auch noch so schmaler Wandscheiben, deren Gegensätzlichkeit unter Licht und Schatten noch gesteigert wird. Während die Eingangsseite als Längsseite weitgehend geschlossen ist, öffnet sich der Innenraum zur anderen Langseite, gibt Ausblicke sowie Durchblicke frei und ist transparent in seiner Schichtung.

Bodenplatte und Attika des aufgeständerten Bauteiles bilden die Horizontalen eines Rahmens, die Wandscheiben an den kurzen Seiten die Vertikalen. Die Wand des Baukörpers mit ihren Einschnitten, mit ihrer Flächigkeit, mit wenigen linearen Elementen, in ihrer Hell- und Dunkelwirkung, in ihrer Schichtung wirkt bildhaft, wie in diesen Rahmen hineinkomponiert. Eine kurze Seite steht im Gegensatz hierzu. Sie ist Fläche ohne Rahmen, mit eingeschnittenen Öffnungen, die den Ausblicken einen Rahmen geben.

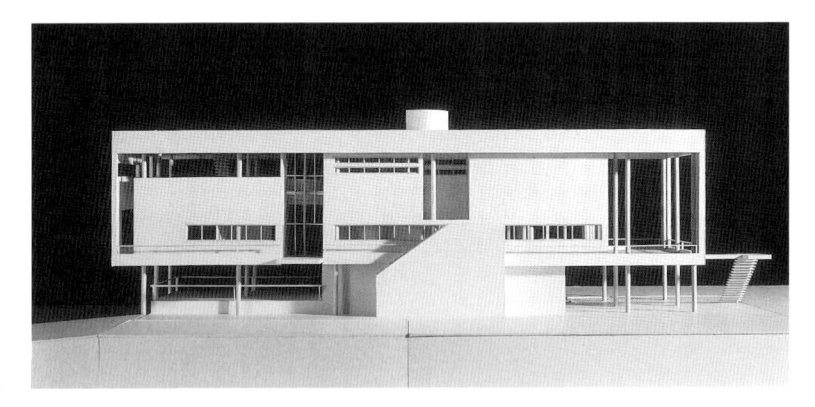

a

Modell	Ralph M. Jeske, Mechthild Laumann
a	Ansicht von der Seeseite
b	Seitenfassade

Grundriß, Erdgeschoß

Digitale Rekonstruktion: Frank Otto
Quelle: Thomas L. Schumacher, 1991

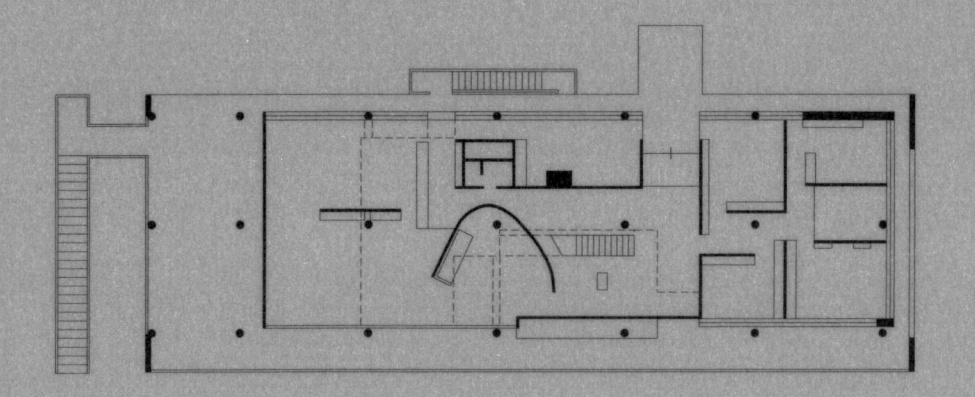

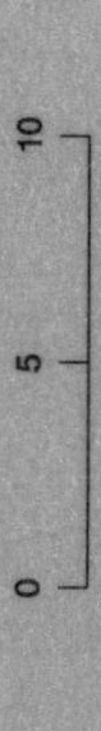

Villa sul lago

villa sul lago

Grundriß, Erdgeschoß

Digitale Rekonstruktion: Frank Otto
Quelle: Thomas L. Schumacher, 1991

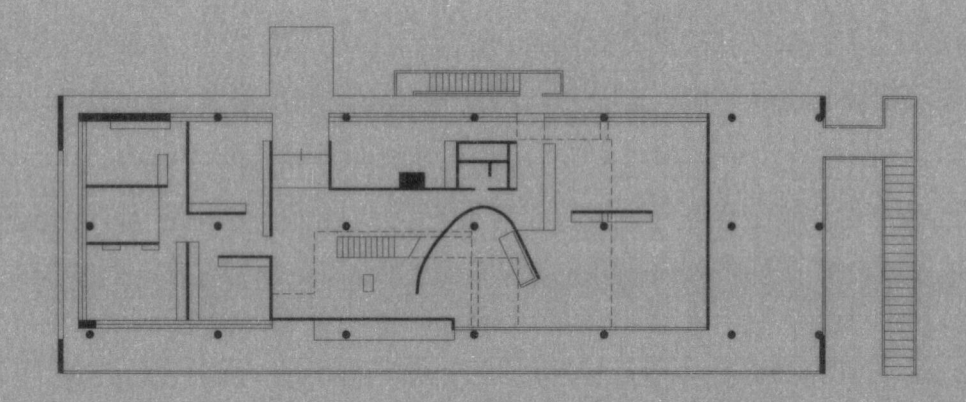

Die Architekturmodelle 67

b

Villa del floricultore, Rebbio, 1936–37. Im gleichen Jahr wie die Villa sul lago entstand das Projekt für den Blumenzüchter Bianchi in Rebbio. Das realisierte Gebäude ist eine stark abgeschwächte Version des ursprünglichen Projektes. Die prismatische Hülle wird wieder zusammengefügt und Raumecken als körperhafte Volumen ausgeführt. Elemente wie Pilotis, Fensterbänder und Umrahmungen bleiben jedoch erhalten und lassen trotz abgeschwächter Form den ursprünglichen Charakter erkennen.

Es handelt sich um einen Kubus mit präzise geformten geraden Kanten, Ecken und Deckenplatten, die von wenigen Stützen getragen werden. Wandscheiben vor Kopf bilden einen Rahmen, bilden einen Abschluß und lassen etwas Licht und Luft in den Innenraum durch ein schmales Fensterband. Während eine Längsseite des Obergeschosses weitgehend verglast ist, Fenstersprossen zusammen mit den tragenden Stützen eine eher vertikale Gliederung ergeben, ist die andere durchgängig horizontal geteilt durch ein Fensterband, die massive Brüstung und den massiven Sturz. Dennoch ist der Kubus aufgelöst. In Boden- und Deckenplatten sind Öffnungen eingeschnitten mit Treppen, die Ebenen miteinander verbinden, Licht durchfallen lassen und Streiflicht für die Fassade geben. Sträucher und Bäume können durchwachsen und das Haus durchgrünen. Diese Einschnitte mit Geländern sind auch mit gestalterisches Element Ursache für die Schichtung einzelner Abschlüsse, für das Ineinanderfließen von Außen- und Innenraum.

Der Kubus erinnert an die Villa Savoye von Le Corbusier, mit seiner Skelettkonstruktion, innerhalb deren Ordnung die Funktionen frei eingefügt werden können. Die äußere Auflösung der Hülle wird mit Hilfe einer Schichtung der Raumabschlüsse in der Tiefe des Körpers erreicht, Innen- und Außenraum sind verschmolzen, die monolithische Form wird gesprengt.

a

Modell	Christian Fiedler
a	Gartenseite
b	Eingangsseite

Grundriß, Erdgeschoß

Digitale Rekonstruktion: Frank Otto
Quelle: Bruno Zevi, 1968

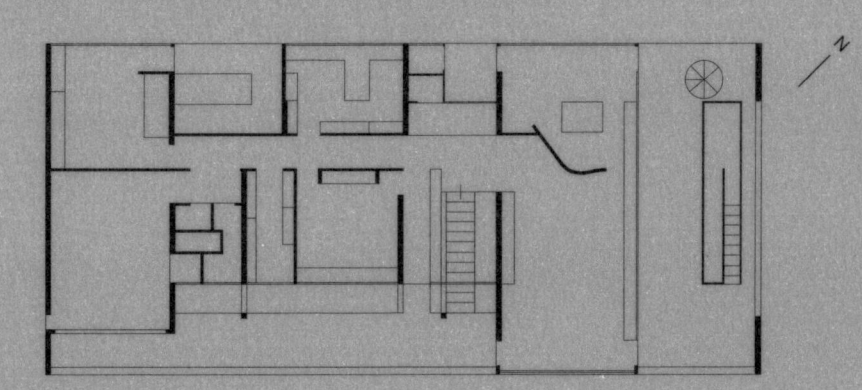

Villa dei floricultore

Villa del trionfore

Grundriß, Erdgeschoß

Digitale Rekonstruktion: Frank Otto
Quelle: Bruno Zevi, 1968

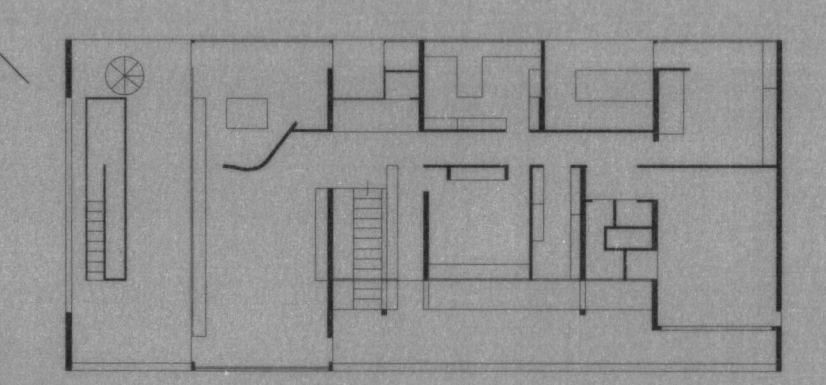

b

Villa Bianca, Seveso, 1936–37. Der Auftraggeber der Villa war Angelo Terragni, ein Cousin Terragnis. Versuchte Terragni bei der Villa sul lago, bei der Casa Floricultore die jeweilige Baukörperstruktur aufzulösen, kehrt sich dies hier um. Der kubische, blockhafte Charakter wird beibehalten, Einschnitte und Überlagerungen von Volumen und Flächen schaffen eine spannungsvolle Inszenierung. Eine optische Streckung des Baukörpers bewirken Fensterbänder in den beiden oberen Geschossen, verstärkt durch die weit auskragenen Sonnenschutzdächer. Die Längsausrichtung wird vom Weg auf der Rückseite zunächst aufgenommen, um dann abzuknicken und als Brücke in das Haus hineinzulaufen. Diese Gegenbewegung wird noch betont durch die darüber auskragende Balkonplatte.

Auf der Frontseite erscheint ein Kubus, herausgeschoben aus dem eigentlichen Haus, der in seiner Bedeutung noch gesteigert wird durch die Einbindung in einen Rahmen. Die seitlich anschließende Terrasse, die über dem anstehende Gelände gelegen ist und von einer Mauer eingefaßt wird, ermöglicht einen Ausgang zu ebener Erde, ohne Rampe und Treppe, die an den andern Seiten eine optische Freistellung des Baues bewirken.

a

b

Modell	Martin Link
a	Perspektivische Frontansicht
b	Rückansicht
c	Perspektivische Rückansicht

Grundriß, Obergeschoß

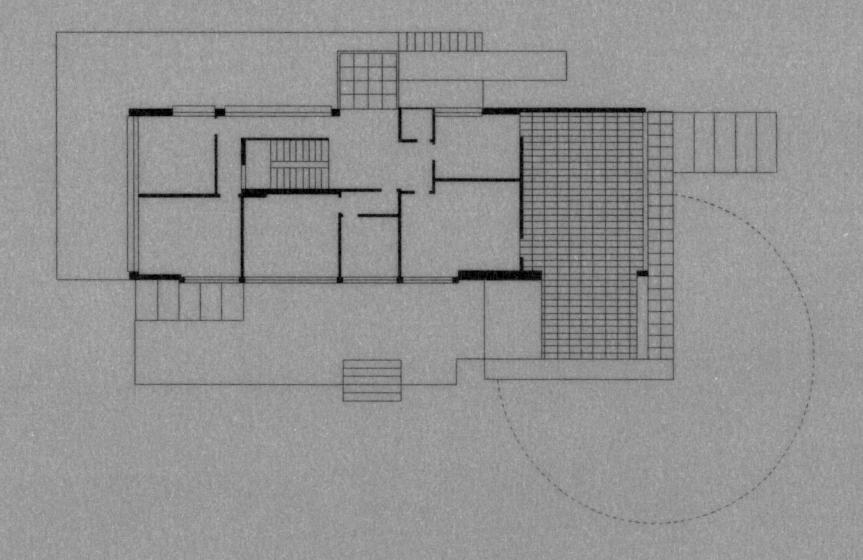

Digitale Rekonstruktion: Sven Pfeiffer, Frank Otto
Quellen: Bruno Zevi, 1968; Giorgio Ciucci, 1996

Villa Bianca

Villa Bianca

Grundriß, Obergeschoß

Digitale Rekonstruktion: Sven Pfeiffer, Frank Otto
Quellen: Bruno Zevi, 1968; Giorgio Ciucci, 1996

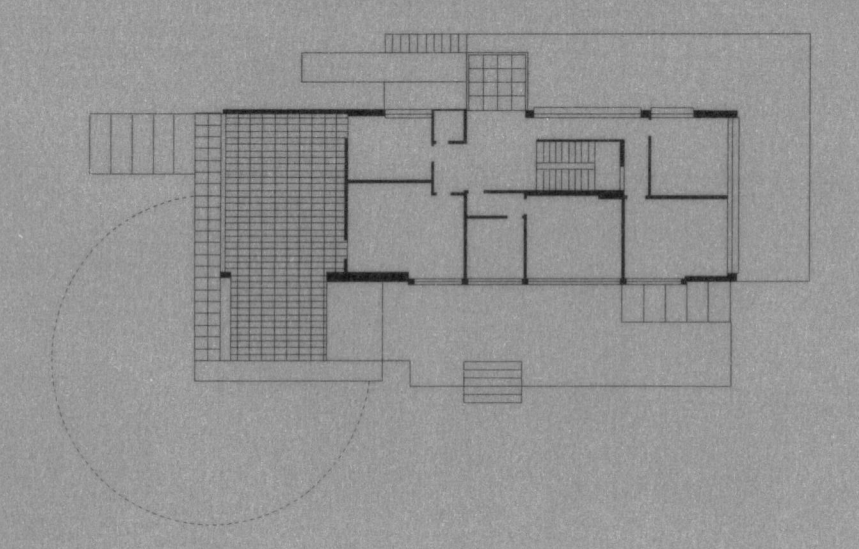

c

Casa Giuliani-Frigerio, Como, 1939–40. Das Wohn- und Geschäftshaus Giuliani-Frigerio in Como ist das letzte realisierte Projekt Terragnis. Mit diesem Entwurf findet der manieristische Rationalismus in Terragnis Werk, begonnen mit der Casa del Fascio in Como, seinen reifen Ausdruck. Wesentliches Entwurfsmerkmal ist die Anordnung der drei Wohnungen pro Geschoß als split-level. Die Erschließung erfolgt über einen Laubengang an der Rückfront in Verbindung mit einem zentralen Treppenhaus. Die Wohnungsgrundrisse sind offen getaltet, Räume lassen sich über Falttüren abtrennen oder zusammenfügen. Die Geometrie des Baues, ein einfacher Kubus, ist durch Wandscheiben, welche die Ecken bilden, deutlich ablesbar. Ein eingezogener Laubengang gliedert das Treppenhaus horizontal, vertikal hingegen in der Fassadenebene. Diese wird geschoßweise durchstoßen mit einzelnen Raumkuben, die in sich horizontal gegliedert und dennoch in der Addition als vertikales Gliederungselement zu lesen sind. Balkone treten vor die Fassade, Loggien werden eingenischt. Raumgruppen schieben sich heraus und sind über mehrere Etagen zusammengefaßt. Filigrane Gitter stehen neben und auf massiven Brüstungen. Der Kubus wird zudem von anderen Strukturen überlagert.

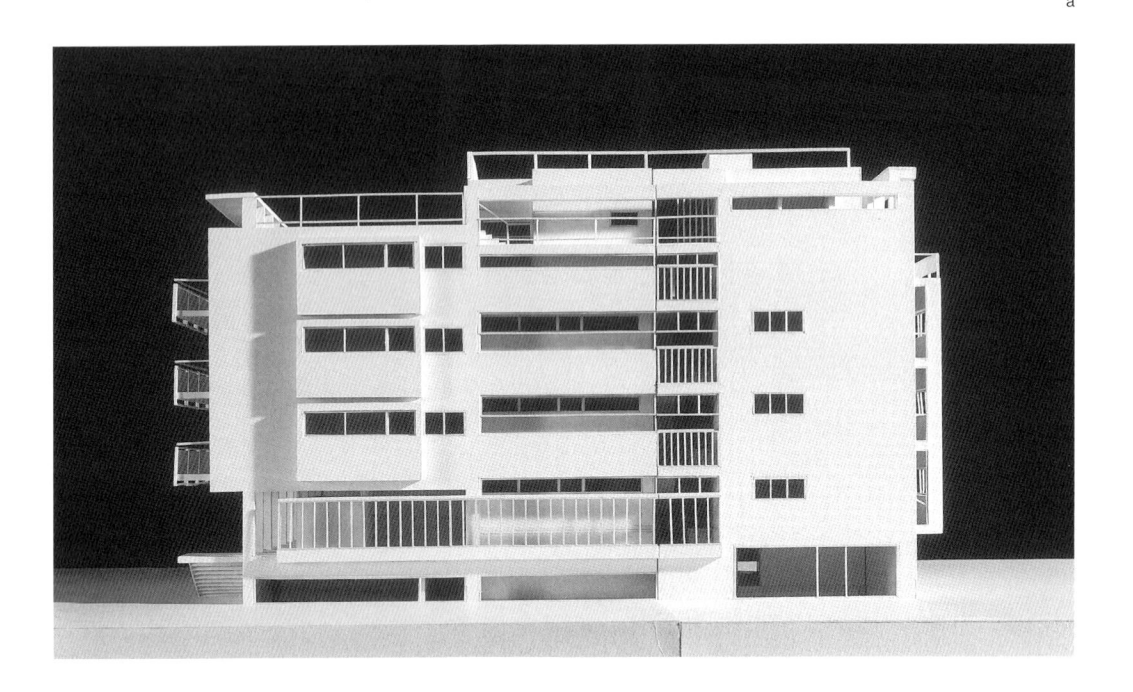

a

Modell   Frank Otto, Dirk Landt und Norbert Riedel

a   Ostansicht mit zentralem Treppenhaus und Laubengang

b   Perspektivansicht der Ecklösung, rechts die Hauptfassade zur Via Prato Pasqué

Grundriß, Obergeschoß

Digitale Rekonstruktion: Frank Otto
Quelle: Bruno Zevi, 1968

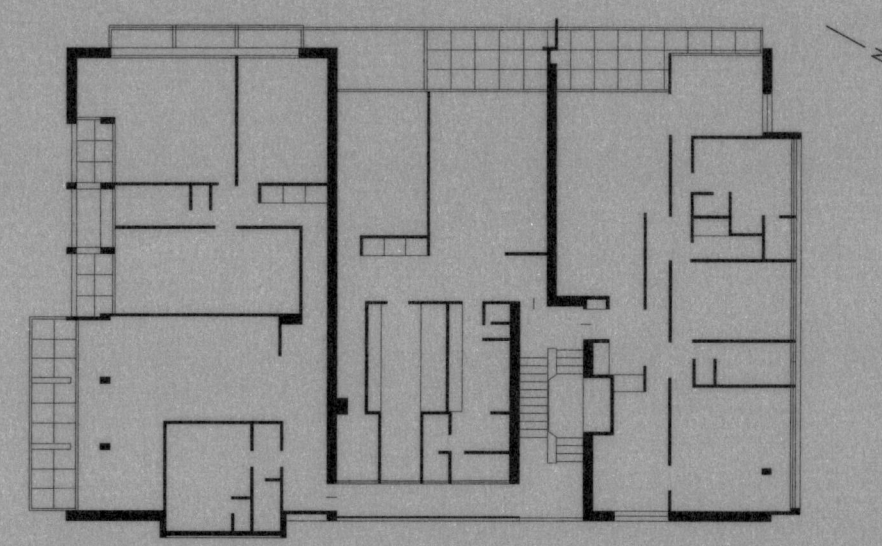

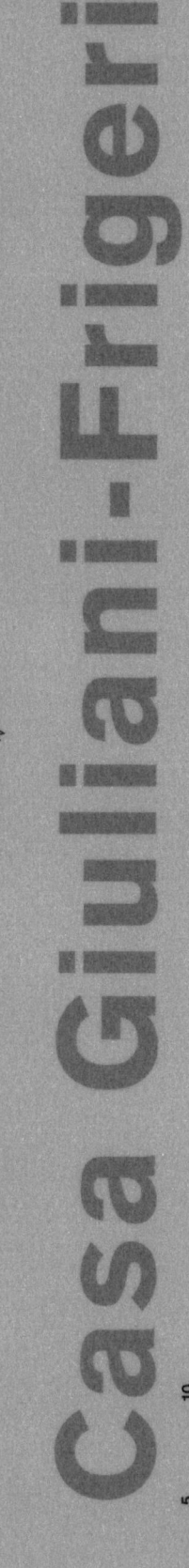

Casa Giuliani-Frigerio

Casa Giuliani-Frigerio

Grundriß, Obergeschoß

Digitale Rekonstruktion: Frank Otto
Quelle: Bruno Zevi, 1968

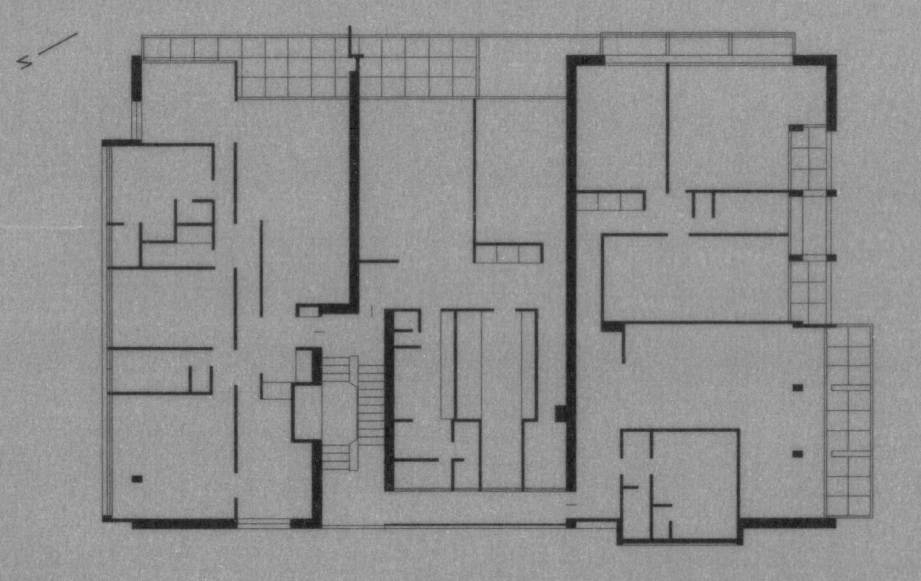

b

Casa d'affito, Cernobbio, 1938–39 von Cesare Cattaneo. Giuseppe Terragni arbeitete in einigen Projekten mit Cesare Cattaneo zusammen. Es ist anzunehmen, daß die Casa d'affito, obwohl von Cattaneo entworfen, im Dialog und unter dem Einfluß von Terragni entwickelt wurde.

Vier Achsen, eine breite, eine schmale im Wechsel, gliedern den Grundriß. Zum Nachbarhaus ist das Gebäude mit einer Wandscheibe abgetrennt. Weitgehend geschlossen ist die rückseitige Wand, in die einige wenige notwendige Fensteröffnungen und eine große Öffnung im Erdgeschoß eingeschnitten sind. Zur Straßenseite, wie auch zur Gartenseite öffnet sich Haus und Fassade in einer großflächig angelegten Plastizität. Der Stützenquerschnitt ist rechteckig, mit der Schmalseite, zur Straße hin ausgerichtet. Die Stellung der Innenwände nimmt nur bedingt Bezug auf das Stützenraster, deshalb behindern einige Stützen die Raumfunktionen und stehen zwischen Sanitärgegenständen.

Die eigentliche Hauswand wird aus der Straßenflucht, in der die Nachbarbebauung steht, zurückverlegt. So entsteht ein Vorraum, der durch die freistehenden Stützen gegliedert, seitlich durch Wandscheiben eingefaßt und aus dem Straßenniveau durch eine Stufe herausgehoben wird, zusätzlich von oben begrenzt durch einen Balkon. Eine vordere Abkantung deutet hier, wie in den weiteren Geschossen, eine Ausgrenzung des Vorraumes an. Die Balkone vermitteln den Eindruck, als seien sie in ihre Bestandteile zergliedert und wieder zusammengefügt. Während die Stützen im ersten und zweiten Obergeschoß von der Außenwand verdeckt werden, gliedern sie sichtbar wieder den Abschluß der Dachterrasse in der Vertikalen. Den Balkonen entsprechend wird auch hier ein Raum vorgelagert und die Situation im Erdgeschoß formal wieder aufgenommen. Der vorderen Abkantung der Balkone entsprechend wird ein Randbalkon über den durch die Stützen vorgegebenen Querschnitt hinaus verlängert und deutet eine räumliche Abgrenzung zum Außenraum an.

Zur Gartenseite wird das Haus um eine schmale Achse verlängert: Zwei Stützen in den vorgegebenen Achsen, mit dazwischenliegenden Pflanzbecken, die in die Randbalken der Dachterrasse übergehen. Die Plastizität der straßenseitigen Fassade klingt hier aus und überlagert die Wandfläche mit ihren großen Öffnungen im ersten und zweiten Obergeschoß.

Modell	Andreas Gerlach, Isabelle Schatton
a	Perspektivische Rückansicht
b	Ecklösung
c	Perspektivische Frontansicht

Grundriß, Obergeschoß

Digitale Rekonstruktion: Frank Otto
Quellen: Germer/Preiß, 1991; Panos Koulermos 1995

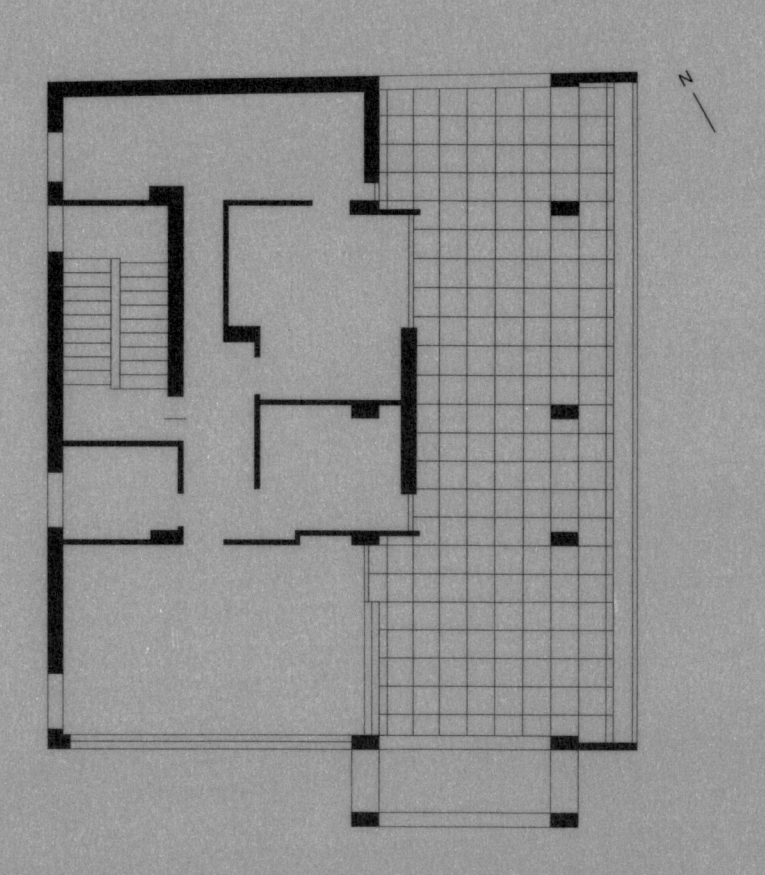

Casa d'affitto, Cernobbio

Casa d'affitto, Cernobbio

Grundriß, Obergeschoß

Digitale Rekonstruktion: Frank Otto
Quellen: Germer/Preiß, 1991; Panos Koulermos 1995

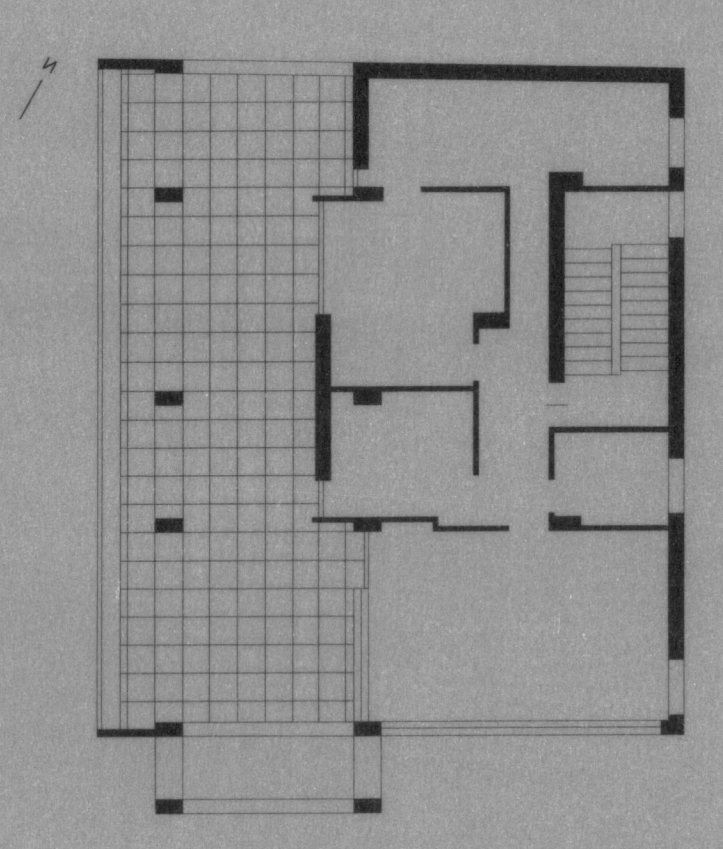

c

Asilo Sant'Elia, Como, 1936–37. Der Stadtteil Sant'Elia, in dem sich der Kindergarten befindet, liegt am südlichen Rand der Comer Altstadt, an der Ecke Via Andrea Aliciato und Via dei Mille. Für die Durchführung des Projektes setzte sich der kurze Zeit später zum Oberbürgermeister gewählte Bruder Terragnis, Atillo ein. Obwohl anfangs noch beide Terragnis an der Bauplanung arbeiteten, ist das fertiggestellte Haus doch vornehmlich das Werk Giuseppes. Mit dem Kindergarten Sant'Elia wandte sich Terragni einer weniger strengen Form des Rationalismus zu.

Der Baukörper kann als eine Verschachtelung von Kuben mit einem Ausbruch von Bauteilen aus dem geschlossenen System gelesen werden. Die Verdrehung des Grundrisses gegen die Strassenflucht akzentuiert seine Städtebauliche Lage und erreicht eine Abschirmung der Lehrräume gegenüber der Nachbarbebauung. Es entsteht ein eingeschossiges Gebäude in Form einer Dreiflügelanlage mit einem gartenseitigen Innenhof. Die Zentrale Halle wird gefaßt durch Umkleideraum, Direktion und Küche auf der einen und Klassenräume auf der anderen Seite. Eine aus der Skelettkonstruktion resultierende Trennung von konstruktiven und raumbildenen Elementen ermöglicht Terragni einen freien Umgang mit Grundriß und Aufriß. Es entsteht ein offener und funktionaler Grundriß der die damaligen erzieherischen Werte wiederspiegelt.

a

Modell	Dirk Weichselsdorfer, Matthis Baumhöfner
a	Perspektivische Aufsicht, Eingangsfront Via A. Alciato
b	Perspektivische Aufsicht

Grundriß, Ausführung

Digitale Rekonstruktion: Frank Otto
Quelle: Germer/Preiß, 1991

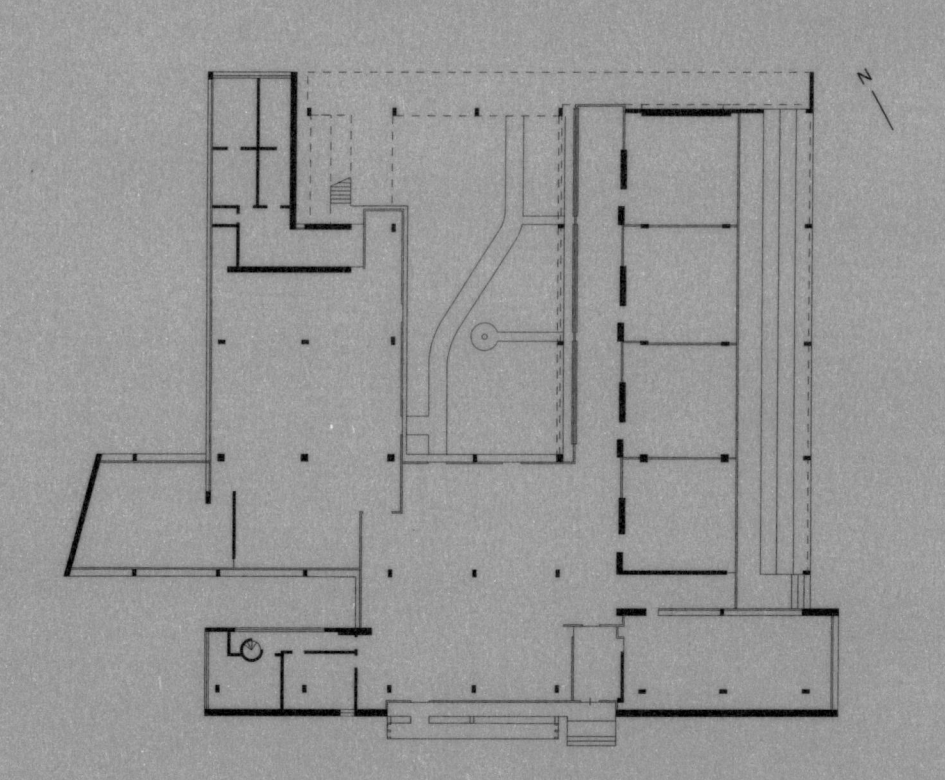

Asilo Sant' Elia

0 5 10

Asilo Sant' Elia

Grundriß, Ausführung

Digitale Rekonstruktion: Frank Otto
Quelle: Germer/Preiß, 1991

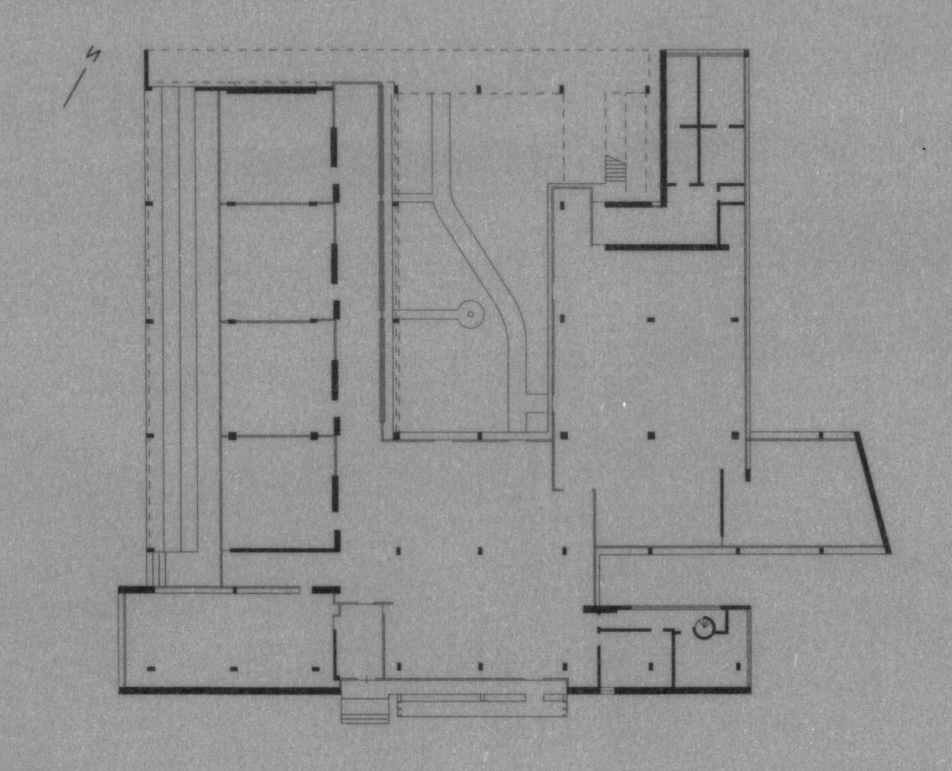

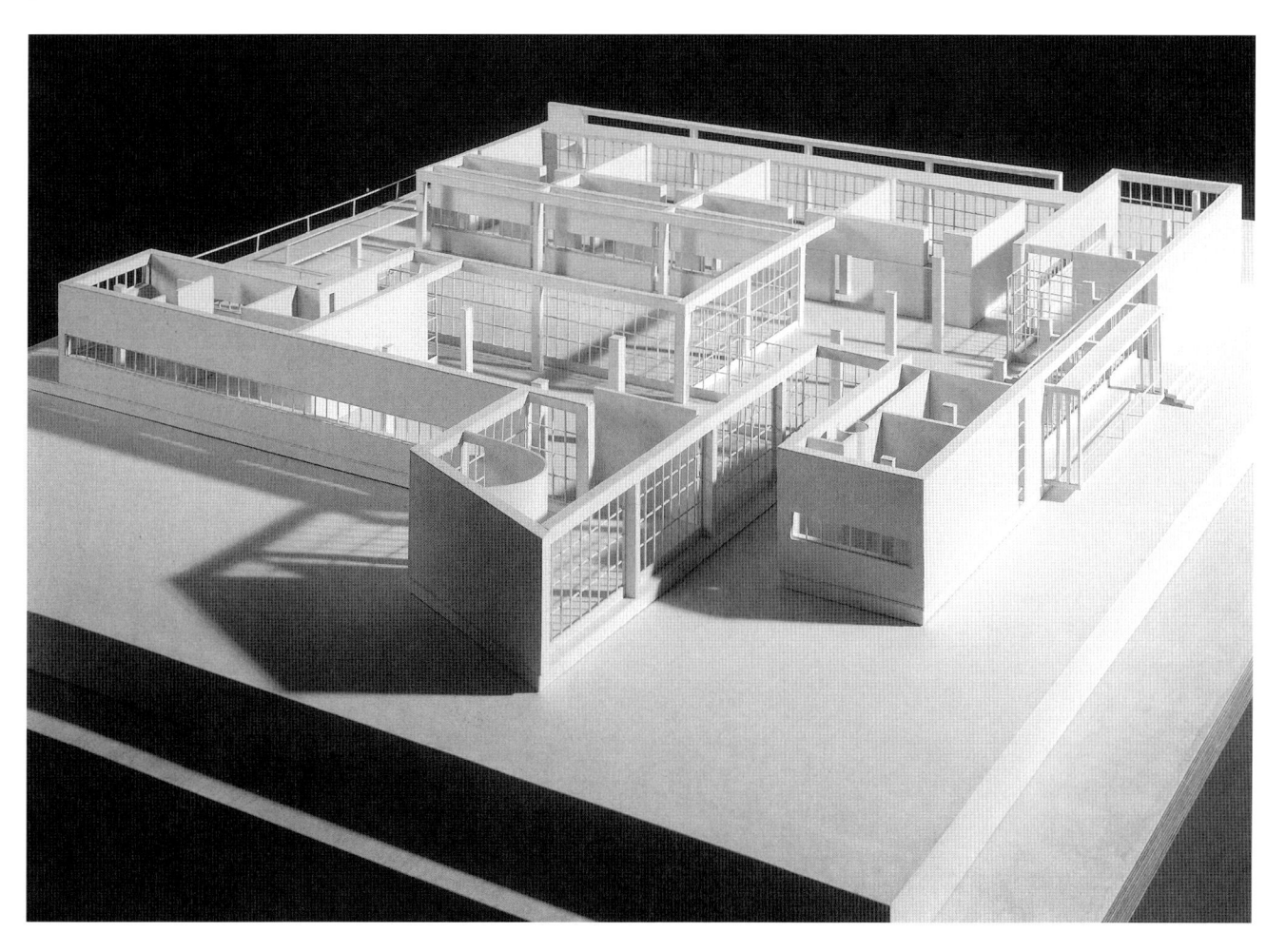

b

Palazzo Littorio, Rom, 1934, in Zusammenarbeit mit der «Gruppo 7». Giuseppe Terragni und die anderen Mitglieder der Gruppo 7 beteiligten sich mit einem Entwurf an dem Wettbewerb zum Bau der faschistischen Parteizentrale. Das Projekt B entstand unter Leitung Terragnis. Als Standort waren die Ruinen der Kaiserforen, gegenüber der Maxentius Basilika zwischen Kolosseum und Augustus- und Trajansforum, vorgesehen.

Das Gebäude ist in Anlehnung an antike Vorbilder, als Gefüge von einzelnen Baukörpern und Räumen strukturiert. Es ist nach folgenden Funktionsbereichen gegliedert: ein Sakrarium für die Gefallenen, Regierungspalast und Ehrengericht und eine Ausstellungshalle. Der Palazzo nimmt dabei keine direkte Beziehung zu seiner Umgebung auf, orientiert sich jedoch an antiker Geometrie und Ordnungssystem.

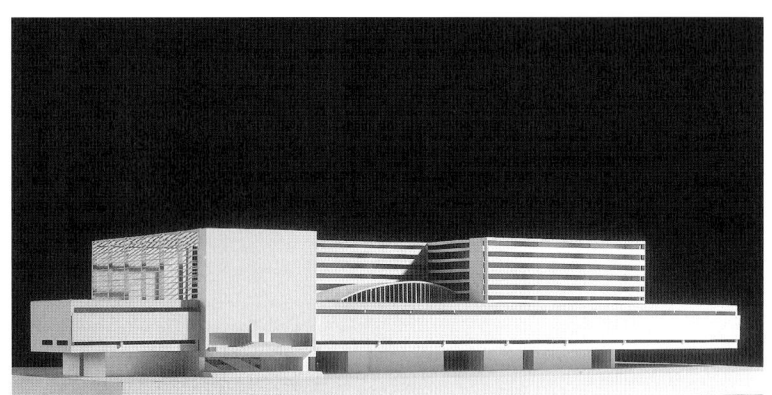

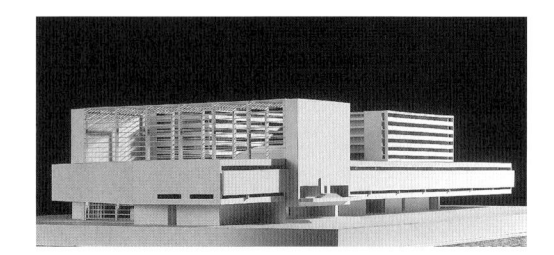

Modell   Volker Daniel, Dorit Labitzke und Lars Wortmann

a   Frontansicht Via dell'Imperio

b   Perspektive, im Vordergrund die «Ausstellungshalle der faschistischen Revolution»

c   Blick vom Kolosseum

Grundriß, Projekt B, 1934

Digitale Rekonstruktion: Frank Otto
Quelle: Germer/Preiß 1991

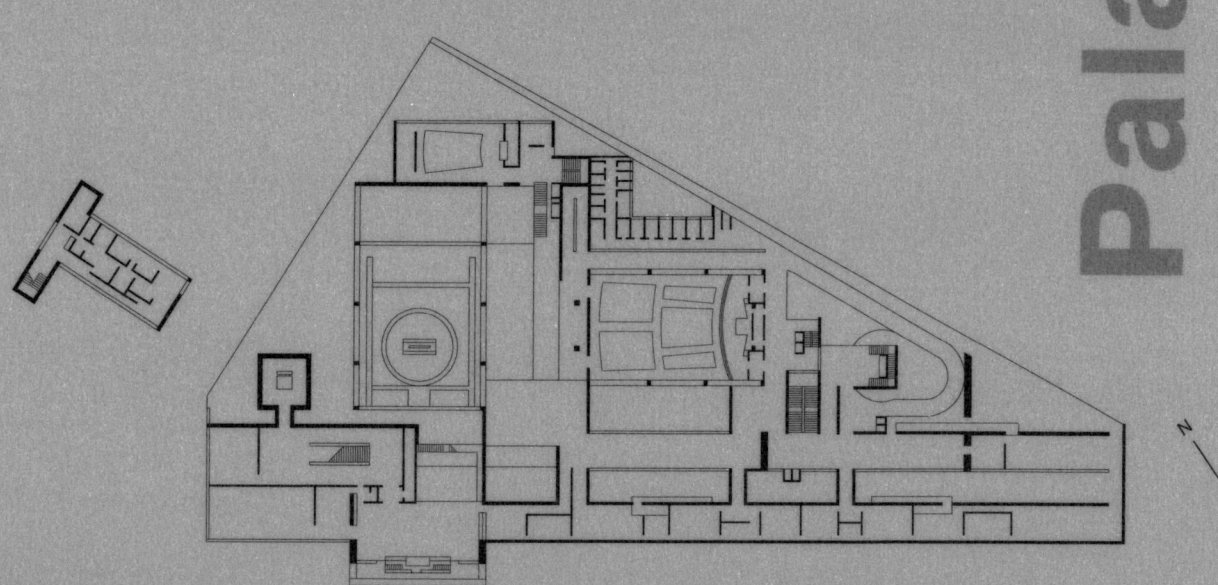

Palazzo Littorio

0 5 10

Palazzo Littorio

Grundriß, Projekt B, 1934

Digitale Rekonstruktion: Frank Otto
Quelle: Germer/Preiß 1991

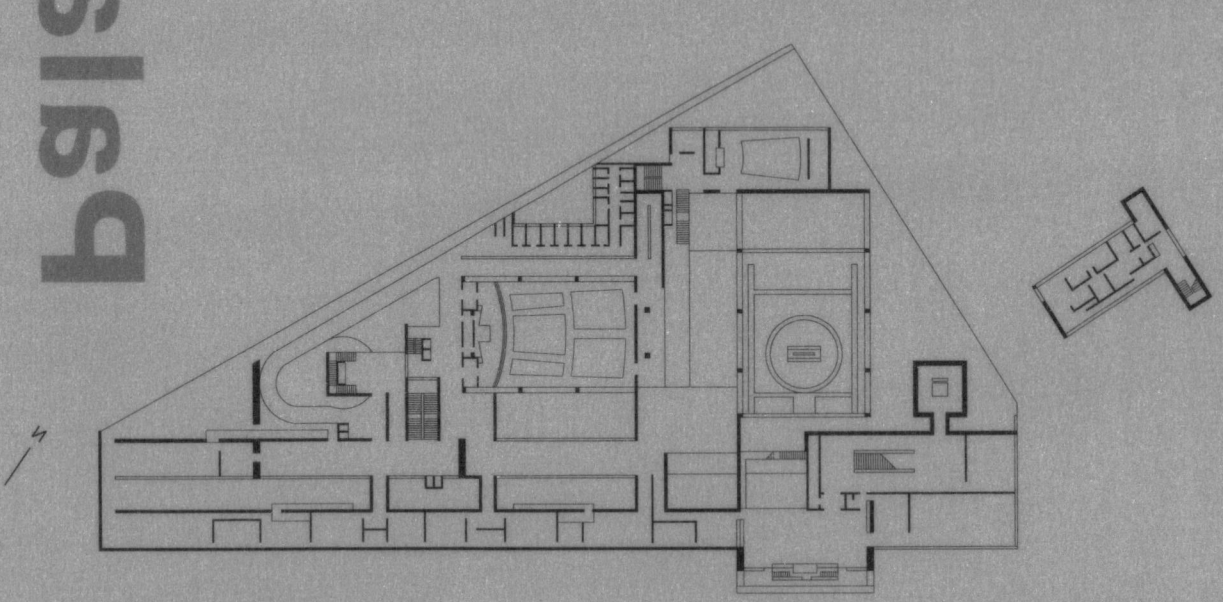

c

Casa del Fascio, Lissone, 1939, in Zusammenarbeit mit A. Carminati. Drei Funktionsbereiche bestimmen das Bild des 1939 fertiggestellten Gebäudes: Ein zweigeschossiger Bürotrakt mit Partei- und Bürgerbüros; ein dahinter liegender Kinosaal und ein Turm mit einer Gedenkstätte und einem Rednerbalkon zur Piazza Vittorio Emanuelle II hin.

Der geschlossene und massive Turm sollte ein Signal, ein Ausrufezeichen sein. Seine Wirkung wird gesteigert durch die geringen Ausmaße des Balkons, die seiner Bedeutung widerspricht. In deutlichem Gegensatz zu dieser aufsteigenden, geschlossenen Form steht der horizontal gelagerte Bürotrakt, der sich mit weiten Fensterbändern zum öffentlichen Raum hin ausrichtet.

Modell	Michael Kruse, Sören Meyer
a	Perspektivische Frontansicht, im Vordergrund der Turm mit Rednerbalkon
b	Frontansicht
c	Rückansicht

Grundriß, Obergeschoß

Digitale Rekonstruktion: Michael Kruse, Sören Meyer und Frank Otto
Quelle: Giorgio Ciucci, 1996

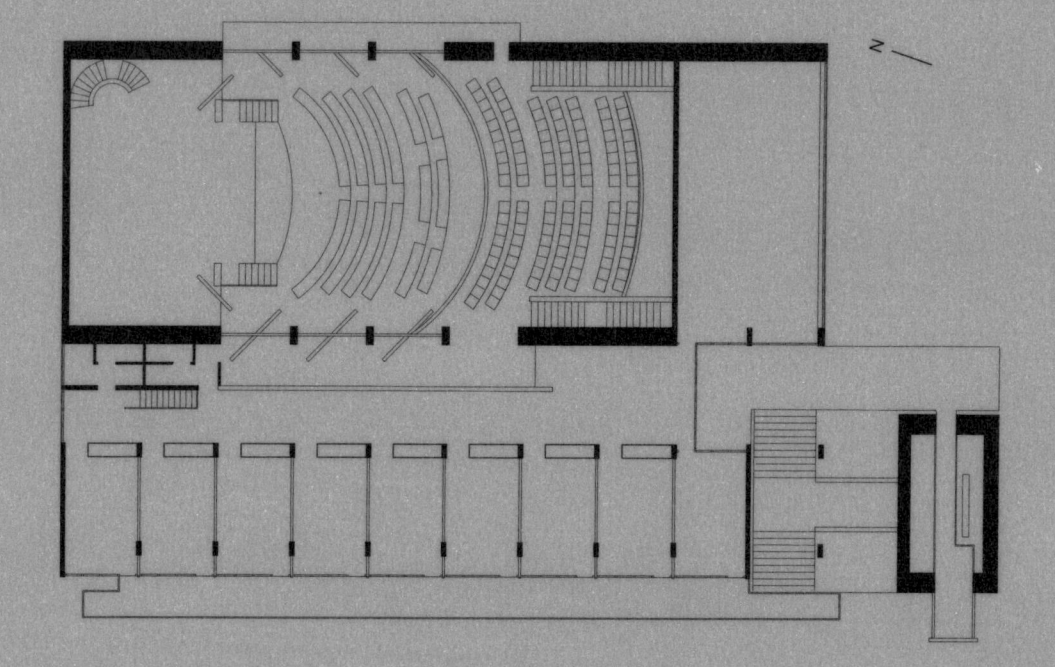

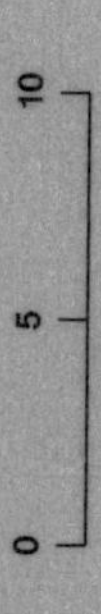

Casa del Fascio, Lissone

Casa del fascio, Lissone

Grundriß, Obergeschoß

Digitale Rekonstruktion: Michael Kruse, Sören Meyer und Frank Otto
Quelle: Giorgio Ciucci, 1996

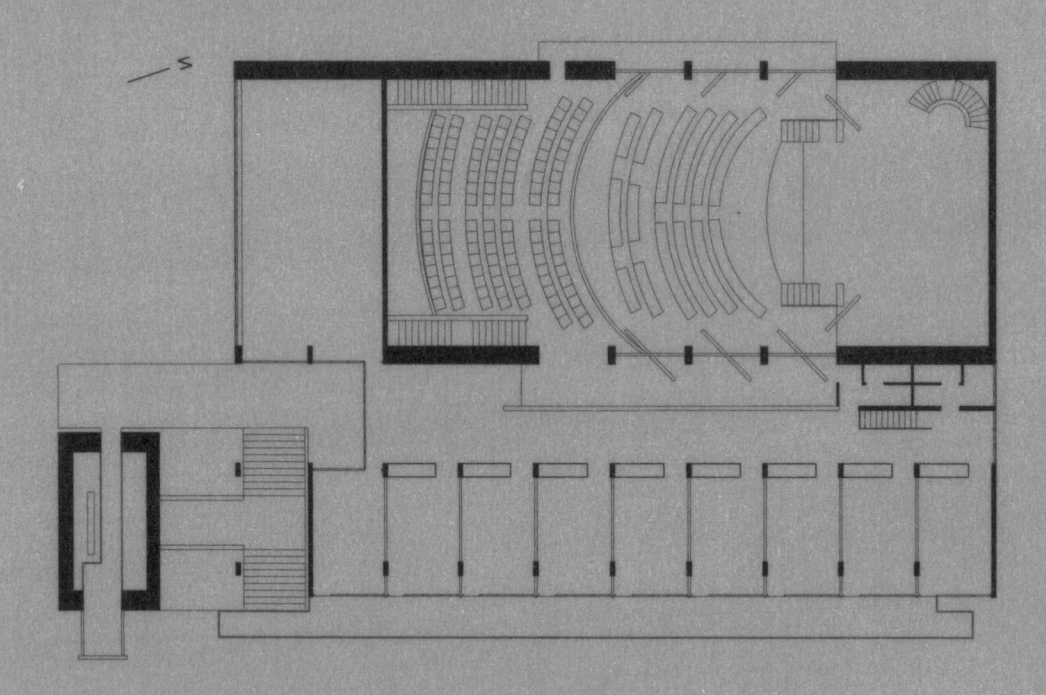

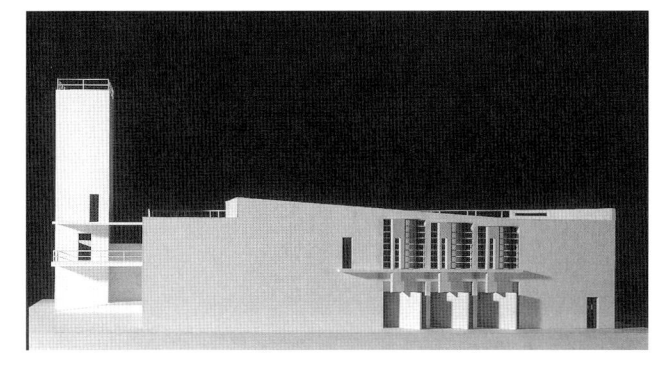

b

c

Casa del Fascio, Como, 1932–36. Der Auftrag ein Parteibüro in Como zu entwerfen stellte Terragni vor die Aufgabe seine Vorstellungen rationalistischer Architektur und die des faschistischen Regimes miteinander zu vereinbaren.

Das Grundstück, das seitlich von der Via M. Bianchi und Via Pessina eingegrenzt wird und frontal auf die ehemalige Piazza dell'Imperio, die heutige Piazza del Popolo, stößt, befindet sich in Sichtweite des Domes. Den Gedanken, den Bau U-förmig zur Piazza dell'Imperio hin zu öffnen, verwarf er und es entstand ein viergeschossiger Kubus mit einem geschlossenen Innenhof. Mussolinis Grundgedanke eines Gebäudes, daß mit «poetischem Prestige, Propagandawerten und revolutionärer Originalität geladen sind und somit die neue und moderne Architektur eines Regimes in ständiger Revolution ausdrücken soll» setzte Terragni in Form eines perfekten Prismas mit quadratischer Grundfläche um.

Bei den in weißem Marmor gefassten Außenwänden läßt Terragni offene und geschlossene Flächen kontrastieren, die die rigide Grundform des Baukörpers brechen. Asymmetrie und die unterschiedliche Gliederung des Oberflächenrasters geben jeder der vier Fassaden einen eigenständigen Charakter. Besonders dramatisch baut Terragni die Erschliessung auf, die Glasflügeltüren des Haupteingangs schwingen bei offiziellen Auftritten alle gleichzeitig auf. Ein in der Mitte des Gebäudes befindlicher, eingeschlossener Lichthof wird in der dritten Etage geschlossen, die nördlich und südlich gelegenen Flügelbauten werden um eine Etage erhöht und schließen mittig eine Dachterrasse ein.

Mit der Casa del Fascio löst sich Terragni von den Regeln der europäischen Avantgarde und sucht eine eigenständige Form des Rationalismus. Die Funktion ordnet sich hier in das Raster der Konstruktion ein. Die Fronten sind an ein strukturelles Rahmenwerk gebunden, um eine gestaffelte Tiefenwirkung zu erzielen. Nach dem Krieg wurde die Casa del Fascio umbenannt in «Casa del Popolo».

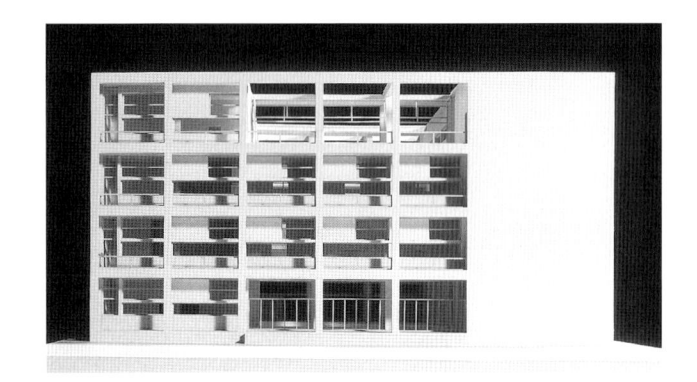

a   b

Modell   Vanessa v. Bihl, Michael Kauertz und Caya Matthies

a   Ansicht Piazza dell'Imperio

b   Rückansicht

c   Perspektive

Grundriß, Erdgeschoß

Digitale Rekonstruktion: Maren Pfützenreuter, Frank Otto
Quelle: Panos Koulermos, 1995

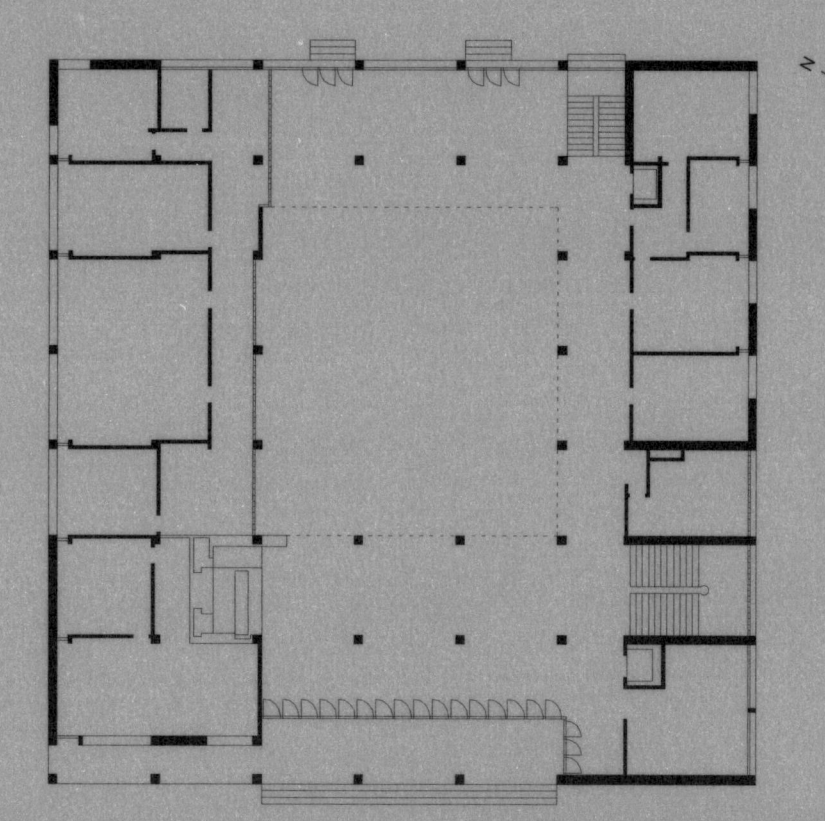

Casa del Fascio, Como

Casa del Fascio, Como

Grundriß, Erdgeschoß

Digitale Rekonstruktion: Maren Pfützenreuter, Frank Otto
Quelle: Panos Koulermos, 1995

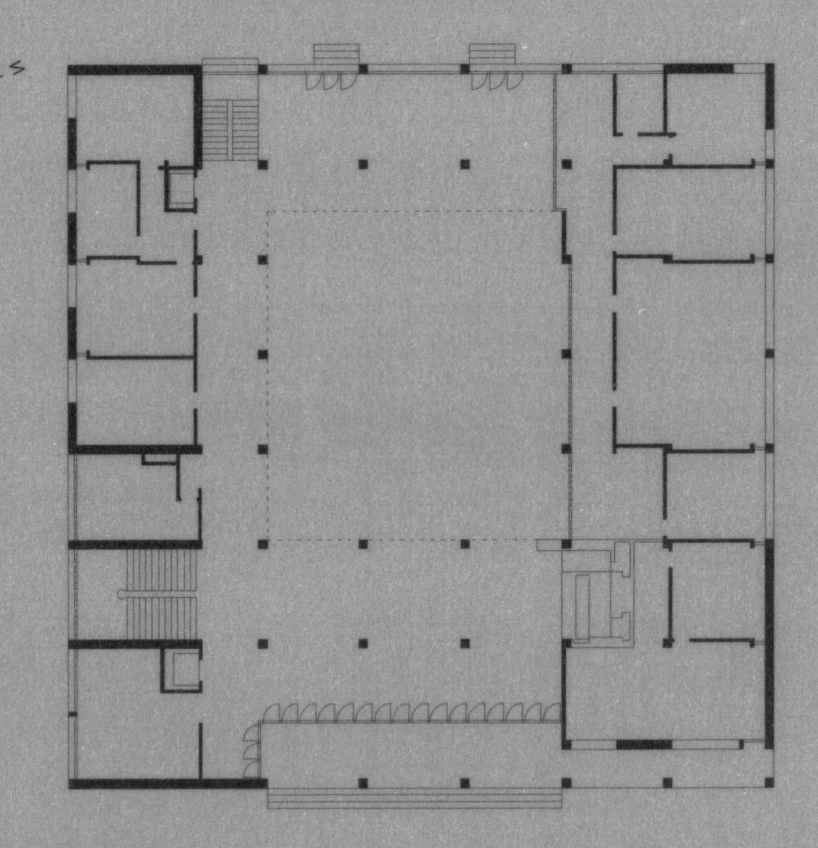

Die Architekturmodelle 83

c

Die Wirklichkeit des Raumes
Casa del Fascio, Como, 1932–1936

Fotos von Klaus Frahm

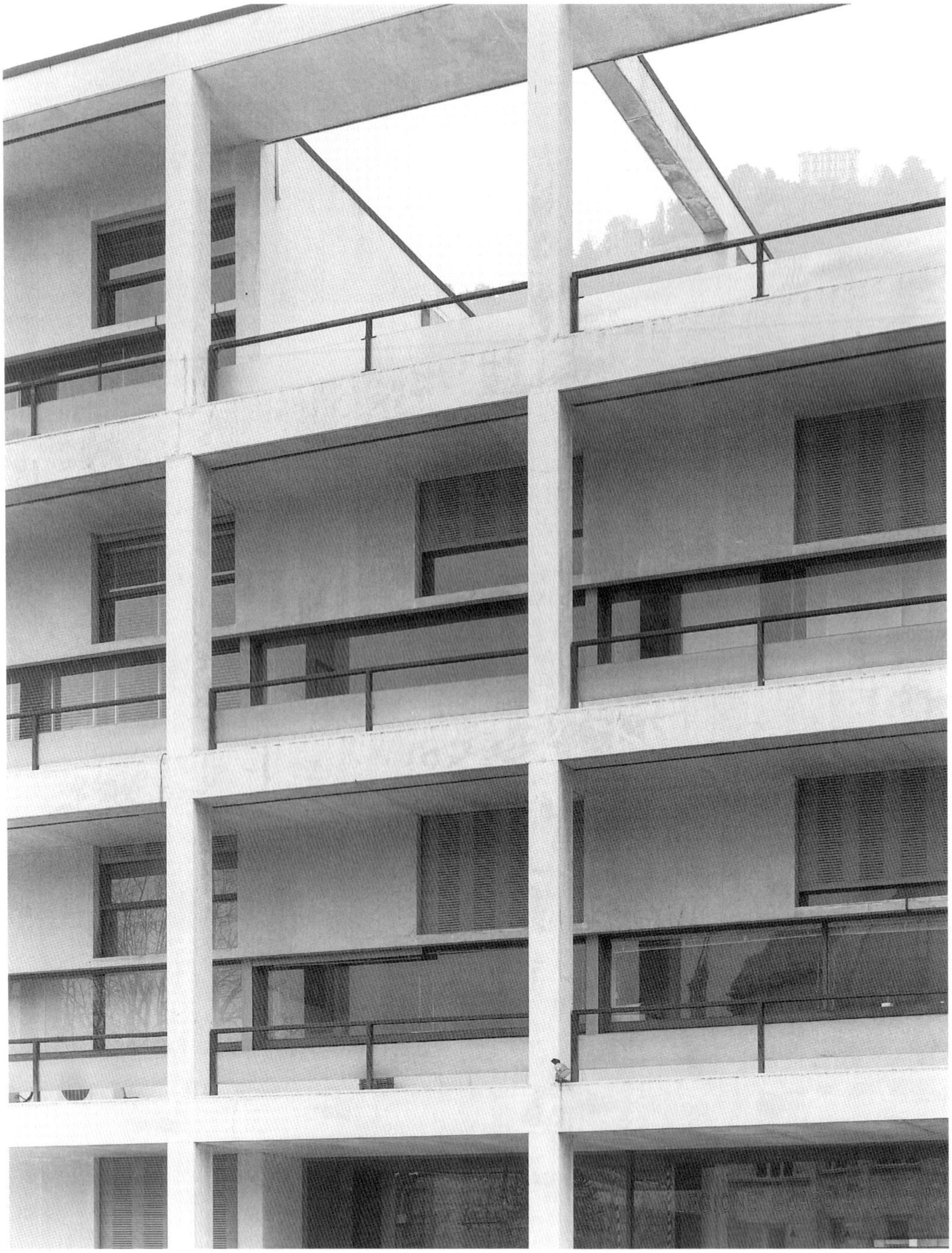

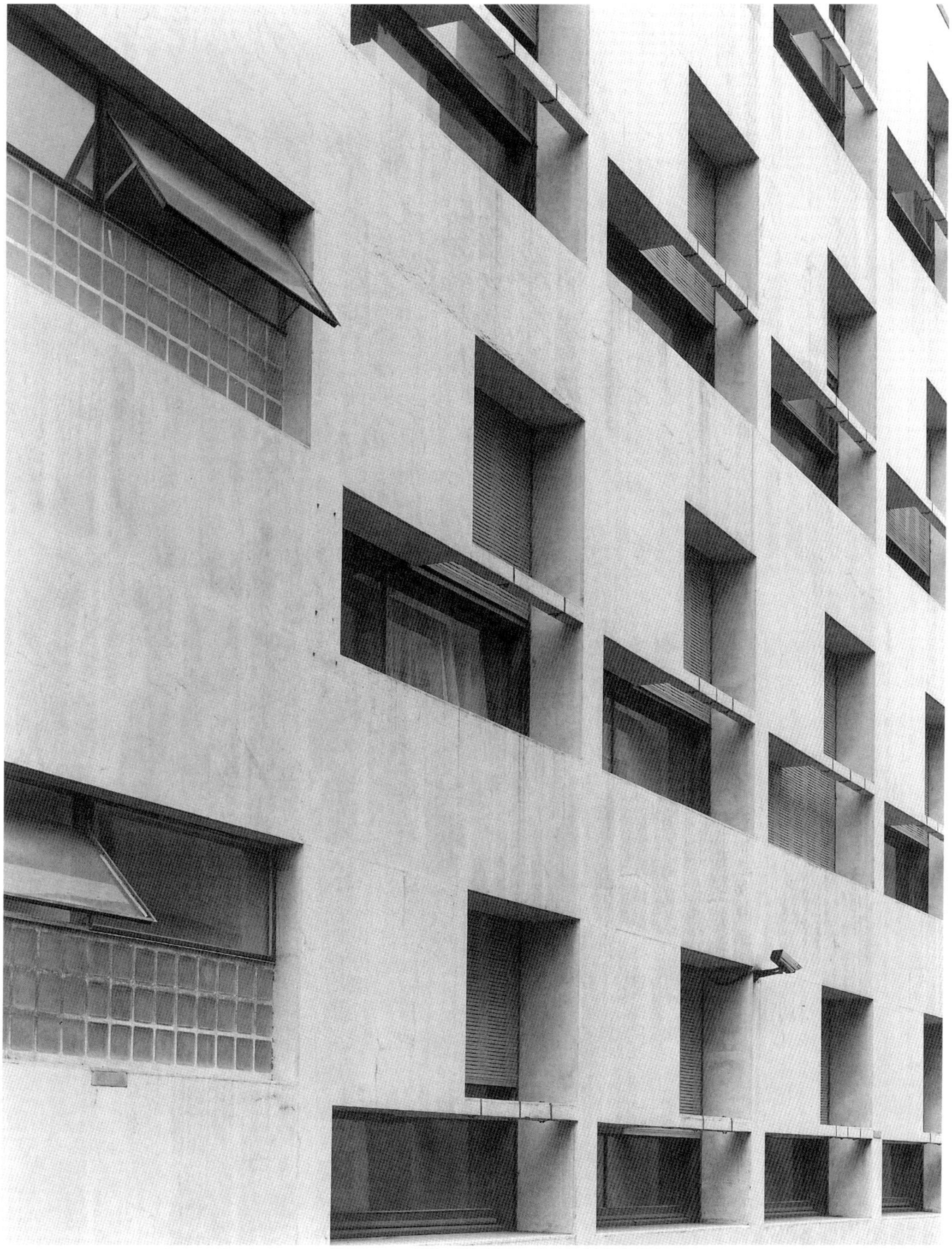

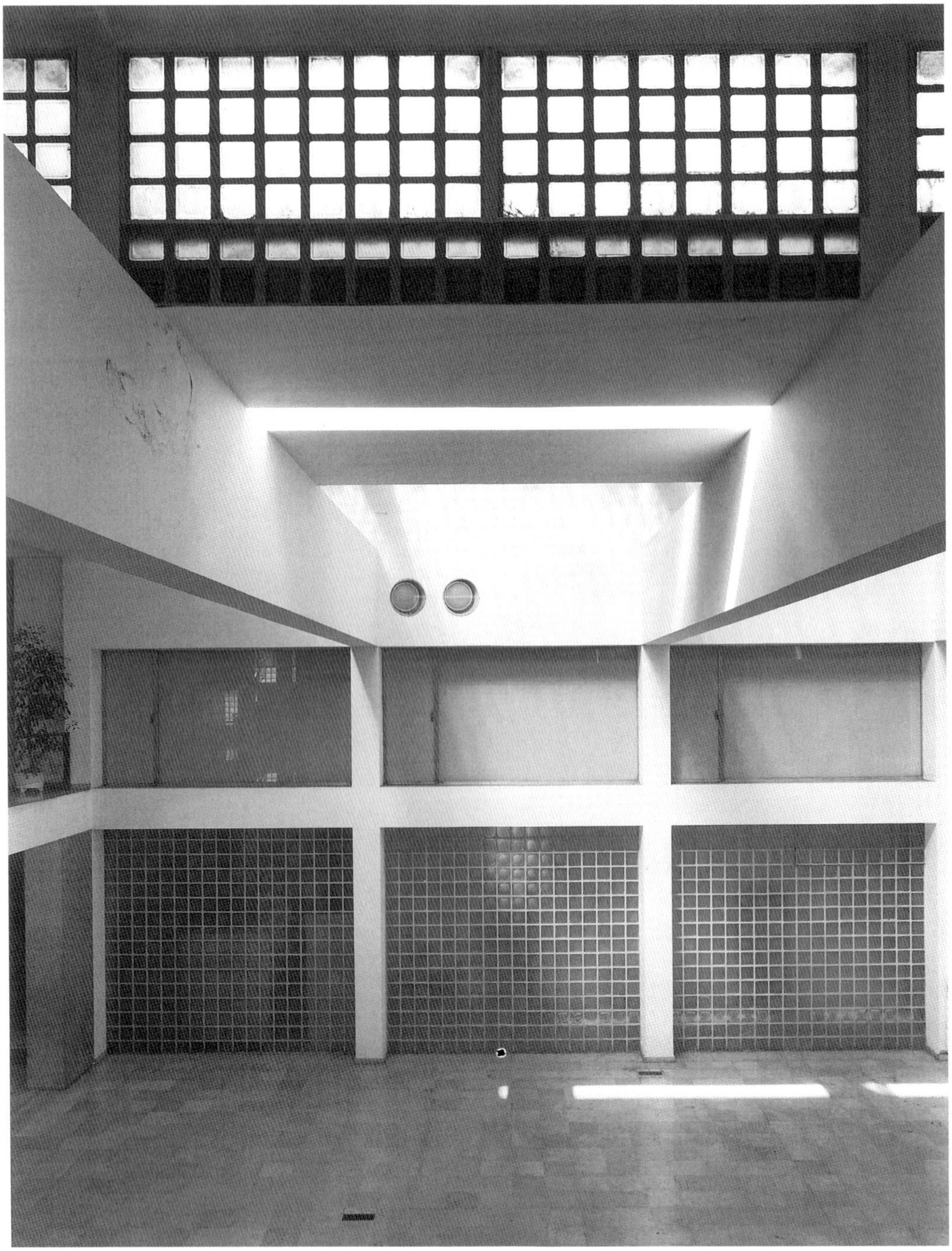

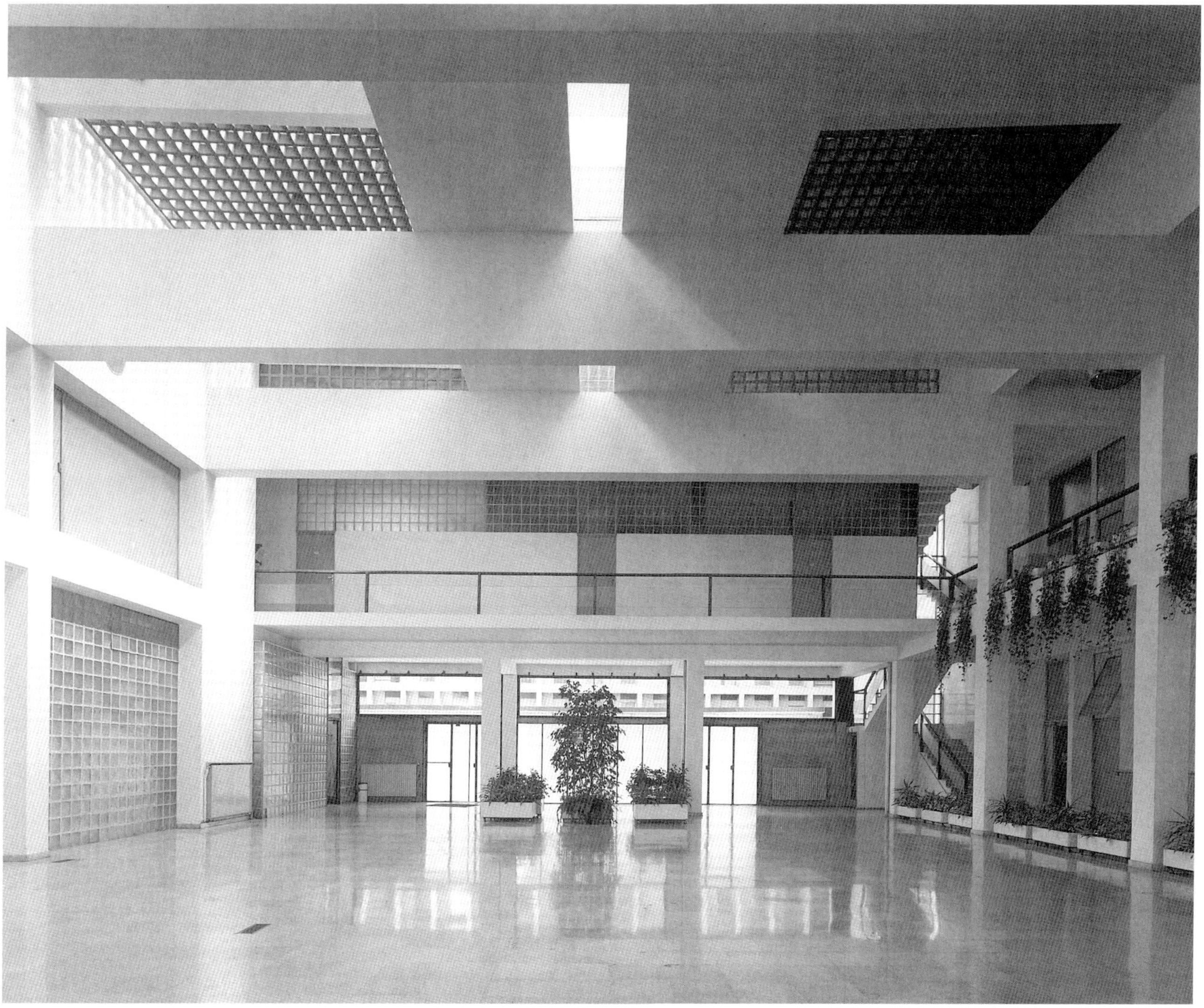

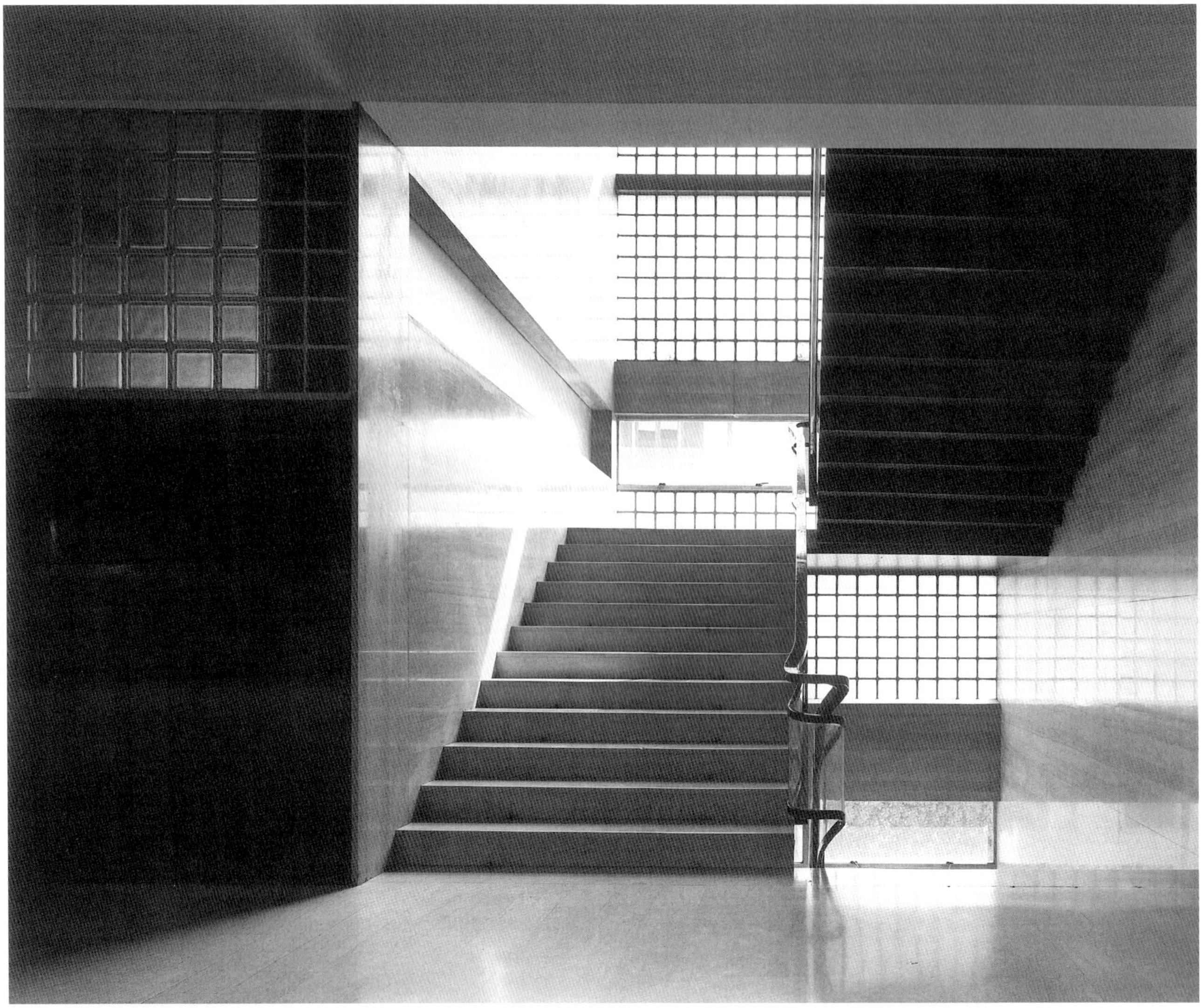

Die Wirklichkeit des Raumes 91

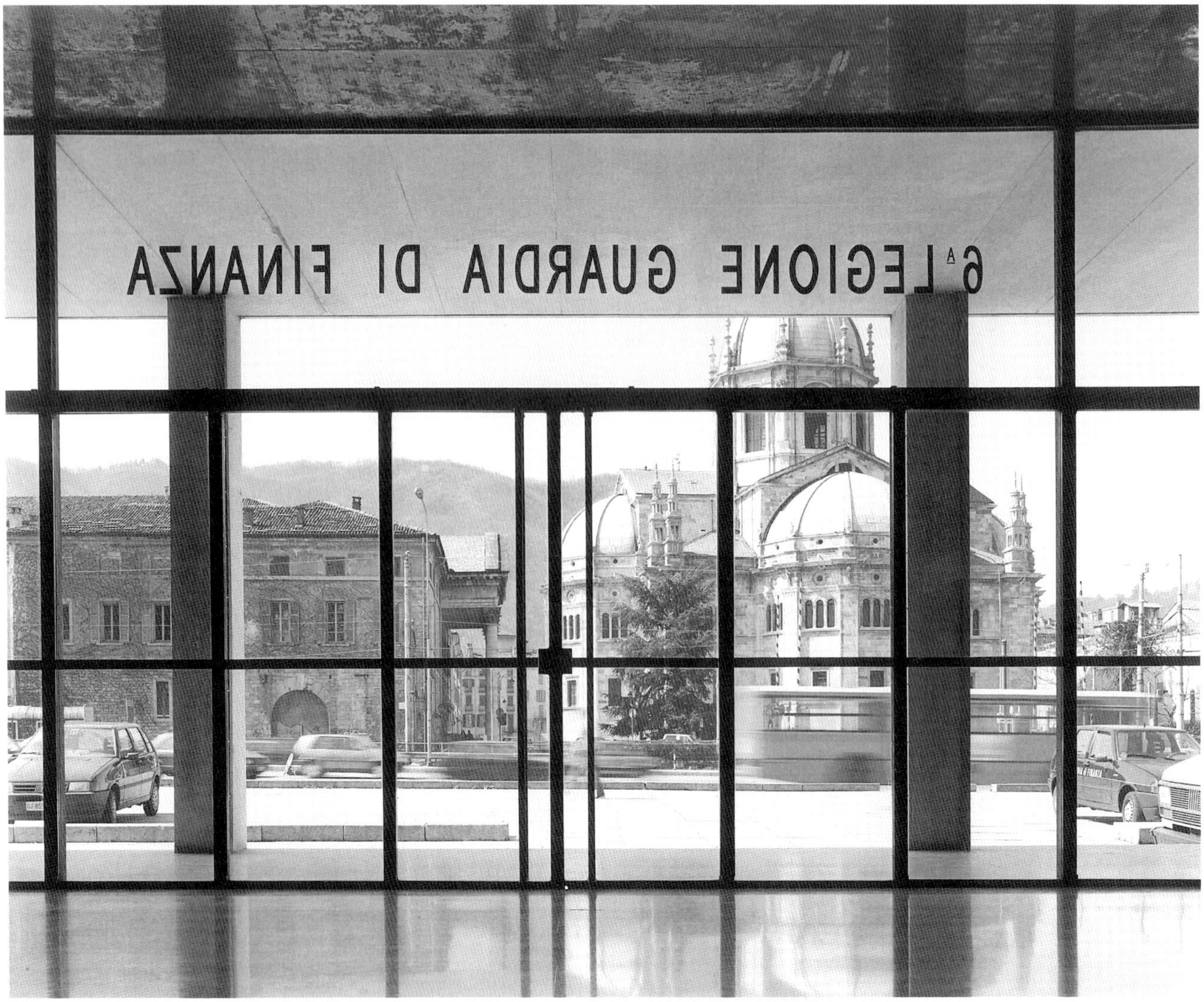
6.A LEGIONE GUARDIA DI FINANZA

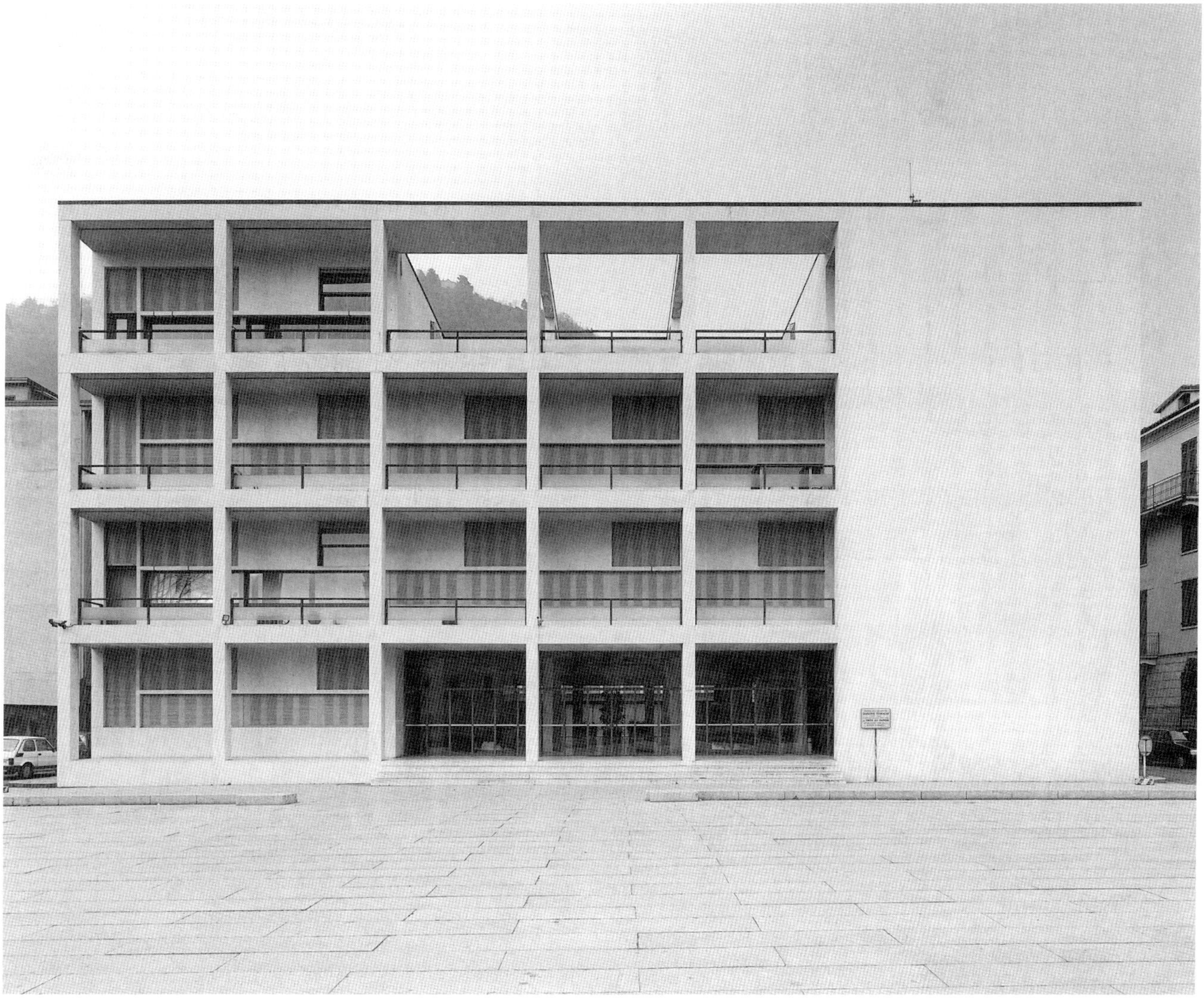

96	Biographie und Werkverzeichnis
98	Literaturverzeichnis
100	Adressen der realisierten Bauten
101	Beteiligte der Hamburger Ausstellung
102	Bildnachweis
103	Sponsoren

Biographie und Werkverzeichnis

1904	Geboren am 19. April in Meda/Mailand. Vater: Michele Terragni, Konstrukteur und Inhaber einer Baufirma. Schulbesuch in Como.
1917	Studium am Technischen Institut von Como in der Abteilung Physik-Mathematik, Diplom.
1921	Studium am Polytechnikum, der Höheren Schule für Architektur, in Mailand.
1925	Erstes dokumentiertes Projekt Villa Saibene, Como. Erste Begegnung mit Pietro Lingeri, späterer Freund und Partner in diversen Projekten.
1926	Diplom und Gründung der Gruppo 7 mit Luigi Figini, Guido Frette, Sebastiano Larco, Adalberto Libera, Gino Pollini und Carlo Enrico Rava. Publikation ihrer architektonischen Grundsätze in der Kulturzeitschrift «La Rassegna Italiana». Erster gewonnener internationaler Wettbewerb: Gefallenendenkmal, Como (mit P. Lingeri).
1927	Eröffnung eines Studios mit seinem Bruder Attilo. Erste Aufträge: Albergo Métropole Suisse, Como: Neukonstruierung der Fassade. Projekt für ein Gaswerk, Como; Projekt für eine Rohrgießerei.
1927–28	Wohnblock Novocomum, Como. Beschäftigung mit der gegenwärtigen Architekturentwicklung in Europa. Teilnahme der Gruppo 7 an der ersten internationalen Ausstellung moderner Architektur, organisiert von Mies van der Rohe im Stuttgarter Quartier Weißenhof.
1928	Erste Ausstellung rationalistischer Architektur in Rom. Teilnahme Terragnis mit verschiedenen Projekten. Auftrag von der Politischen Vereinigung: Casa del Fascio, erste Entwürfe. Weitere Projekte: Chalet als Tennisclubhaus, Olgiate Comasco.
1928–32	Gefallenendenkmal, Erba Incino, Como. Möbel für den Verband Agricoltori im Novocomum, Como. Coiffeurgeschäft, Como. Möbel für Speisesaal (mit P. Lingeri); Krankenhaus in Mailand, Wettbewerb.
1929	Aktivitäten Terragnis wechseln zwischen Malerei und Architektur. Teilnahme an der nationalen Ausstellung Novocento in Mailand, an der Biennale in Monza und in Rom.
1930	Grabmal Ortelli, Cernobbio, Como. Geschäft Vitrum, Como. Moderne Schneiderei, Monza: Vestibül und Vorführraum.
1930–31	Projekt des Aeroclubs Ghislanzoni, Como.
1930–35	Albergo Posta, Como.
1931	Teilnahme an der zweiten rationalistischen Ausstellung in der Galerie Bardi in Rom.
1932	Teilnahme an der Ausstellung der faschistischen Revolution in Rom. Projekt des Kindergartens für etwa 200 Kinder. Projekt einer Betonkathedrale. Saal 0 der Ausstellung zum Andenken der faschistischen Revolution 1922, Rom (mit E. Arrigotti). Manifest für die Ausstellung Landwirtschaft und Industrie in Lecco, Zeichnung. Projekt eines Ferienhauses. Grabmal Stecchini, Como. Objekte sakraler Kunst, realisiert für das Grabmal Stecchini. Zahnarztpraxis, Mailand.
1932–36	Casa del Fascio, Como.
1933	Eröffnung eines Architekturbüros mit P. Lingeri in Mailand. Fünf gemeinsame Projekte mit P. Lingeri und anderen Mitgliedern der Gruppo 7. Markthalle von Como, Wettbewerb (mit A. Terragni). Schulhaus in Lecco, Wettbewerb (mit M. Cereghini). Projekt für die Villa Lempiscka, Brenno, Como. Künstlerhaus am See, realisiert für die 5. Triennale von Mailand (mit P. Lingeri, M. Cereghini, G. Giussani, G. Mantero, O. Ortelli, A. Dell'Acqua, C. Ponci). Casa Ghiringhelli, Mailand (mit P. Lingeri). Casa Toninello, Mailand (mit P. Lingeri).
1933–35	Casa Rustici, Mailand (mit P. Lingeri).
1934	Bebauungsplan von Como, Wettbewerb (mit P. Bottoni, C. Cattaneo, L. Dodi, G. Giussani, P. Lingeri, M. Pucci, R. Uslenghi). Kindergarten Sant'Elia, Como. Villa Bianca, Seveso (Mailand). Mittelschule von Busto Arsizio, Wettbewerb (mit L. Mosca, E. Brandina).

1934	Casa Lavezzari, Mailand (mit P. Lingeri). Palazzo Littorio in Rom, Wettbewerb ersten Grades, Projekt A und B (mit A. Carminati, P. Lingeri, M. Nizzoli, E. Saliva, M. Sironi, L. Vietti). Saal der Motorbootausstellung (mit P. Lingeri und C. De Amicis). Saal des Rudersports in der Ausstellung des Sports, Mailand (mit P. Lingeri und M. Radice). Projekte für ein Kinogebäude.
1935	Casa Rustici-Comolli, Mailand (mit P. Lingeri). Erstes Projekt für den neuen Sitz der Akademie Brera, Mailand. (mit P. Lingeri, L. Figini, G. Pollini, L. Mariani). Studie für ein Denkmal. Studie für ein Gefallenendenkmal. Denkmal für Roberto Sarfatti auf dem Col d'Echelle.
1935–37	Casa Pedraglio, Como.
1936	Zweites Projekt für den neuen Sitz der Akademie Brera, Mailand (mit P. Lingeri, L. Figini, G. Pollini, L. Mariani). Projekt für die Dekorationswand im Saal des Bundes, Casa del Fascio, Como. Studien für Villen. Projekt für eine Villa in Portofino. Projekt für eine Villa am See. Grabmal Pirovano, Como. Kantonsbibliothek Lugano, Wettbewerb (mit P. Lingeri).
1936–37	Villa für einen Blumenzüchter, Rebbio, Como. Projekt der Villa Amadeo Bianchi mit zwei Wohnungen.
1937–38	Projekt für Appartmenthäuser in Mailand.
1938	Projekt des Denkmals an der Bonificia Integrale. Projekt für das Danteum, Rom (mit P. Lingeri). Kongreß- und Empfangspalast an der E. 42, Wettbewerb zweiten Grades (mit C. Cattaneo und P. Lingeri). Satellitenquartier Rebbio, Como (mit A. Sartoris). Studien für Wohnblöcke, Como. Eingang der neuen Messe von Mailand, Wettbewerb (mit P. Bottoni, P. Lingeri, G. Mucchi, M. Pucci).
1938–39	Projekt für einen Brunnen und Messepavillon. Casa del Fascio, Lissone (mit A. Carminati). Projekt für die Erweiterung der Werkhalle Tavolazzi und Fumagalli, Missaglia, Como.
1939	Publikation in der Zeitschrift Case d'Oggi. 15. September: Terragni wird eingezogen. Sendet regelmäßig Anweisungen, Skizzen und Zeichnungen nach Mailand.
1939	Projekt für das Grabmal Mambretti, Como. Projekt für soziale Wohnbauten, Como (mit A. Sartoris).
1939–40	Mehrfamilienhaus Giuliani-Frigerio, Como. Projekt für ein Kinotheater. Projekt für ein Totales Theater.
1940	Am 2. März letzte Publikation Terragnis in der Zeitschrift Ambrosio. Kriegseintritt Italiens, Terragni wird an die russische Front geschickt. Von der russischen Front Entwürfe, Zeichnungen und Publikationen.
1940	Projekt für ein Kinotheater. Projekt für ein Theater. Projekt für ein Quartierhaus des Faschismus in Trasteverino, Rom. Projekt für den Sitz der neuen Akademie von Brera, Mailand (mit P. Lingeri). Projekt und Studie für Terrassenhäuser. Projekt für die Neustrukturierung des Quartiers Cortesella, Como. Projekt für die Neustrukturierung der Piazza Cavour, Como. Projekt zur Erhaltung und Eingliederung der Casa Vietti im Quartier Cortesella, Como. Projekt für die Seidenuniversität, Como. Projekt für die Ausstellung von Lissone. Projekt für das Forschungszentrum der Unione Vetraria Italiana. Projekt für eine standartisierte Benzintankstelle. Projekt für die Ausstellung FF.SS. an der E.42.
1941	Projekt für ein teilweise überdeckbares Stadion.
1943	Entlassung Terragnis aufgrund seines angegriffenen Gesundheitszustandes von der Front in die Heimat. Letztes Projekt: Studie einer Kathedrale. Tod am 19. Juli.

Literaturverzeichnis

Ingo Bartsch	Die Malerei des Futurismus in Italien und ihre Beziehung zum Faschismus, Berlin 1977
Christa Baumgarth	Geschichte des Futurismus, Reinbeck bei Hamburg 1966
Martin Blinkhorn	Mussolini und das faschistische Italien, Decaton Verlag, 1. Auflage, 1994
Karl Dietrich Bracher	Zeit der Ideologien, Stuttgart 1982
Andrè Breton	Die Manifeste des Surrealismus, Reinbeck bei Hamburg 1986
Max Bill	Futurismo e Pittura Metafisica, in: Kunsthaus Zürich, Hrsg., Ausstellungskatalog, Zürich 1950
Giorgio de Chirico	Sull'arte metafisica, in: Valori Plastici, Nr. 4/5, Rom 1919
Giorgio Ciucci (Hrsg.)	Giuseppe Terragni – Opera completa, Electa, Milano 1996
Giorgio Ciucci	Gli architetti e il fascismo, Torino 1989
Richard Collier	Mussolini – Aufstieg und Fall des Duce, München 1971
Enrico Crispolti	Storia e critica del Futurismo, Roma-Bari 1987
Cesare De Seta	Architetti italiani del Novecento, Roma 1987
Cesare De Seta	L'architettura des Novecento, Torino 1981
Margrit Estermann-Juchler	Faschistische Staatsbaukunst, Köln, Wien 1982
Flavio Fabbroni, Pierluigi Zamo	La S.A.I.C.I. di Torviscosa (1937–1948), capitale, fascismo e movimento operaio, in: Storia contemporanea in Friuli, Nr. 4, Grafiche Friulane, Udine 1974, S. 11–82
Hartmut Frank (Hrsg.)	Faschistische Architekturen, Planen und Bauen in Europa 1930–1945, Hamburg 1985
Minnucci Gaetano, Adalberto Libera	Introduzione, La esposizione italiana di architettura razionale, Roma anno VI, Roma 1928
Sigfried Giedion	Zur Lage der italienischen Architektur, in: Bauwelt, Heft 10, 1932
Eric J. Hobsbawn	Nationen und Nationalismus, Frankfurt, New York 1991
Pontus Hulten (Hrsg.)	Futurismo & Futurismi, Ausst. Kat., Milano 1986
Panos Koulermos	20th Century European Rationalism, Academy Editions, London 1995
Riccardo Mariani	Fascismo e «città nuove», Milano 1976
Riccardo Mariani	Razionalismo e architettura moderna, Milano 1989

Filippo T. Marinetti	Il Poema di Torviscosa, Parole in libertà futuriste, Officine Grafiche Esperia, Milano 1938
Alberto Mioni	Urbanistica fascista, Milano 1986
Maria Pia Montagna	Torviscosa «Città di Fondazione» e «Città del Capitale» (1938–1941), Venezia 1986
o. Verf.	Mussolinis Ansprache, in: Deutsche Bauzeitung, Heft 15, Berlin 8. 4. 1936, S. 316
Pablo Nestler	Neues Bauen in Italien, München 1954
Ernst Nolte	Der Faschismus in seiner Epoche, München, Zürich, 5. Auflage 1979
Alberto Novali	Der italienische Rationalismus, Como 1924–1942, Braunschweig, Wiesbaden 1992
Alberto Novali	Como gli anni del razionalismo, Milano 1990
Giuseppe Pagano	Architettura e città durante il Fascismo, Roma 1976
Ueli Pfammater	«Razionalismo» italienische Architekten 1927–1942, Bauwelt Fundamente 85, Braunschweig 1990
Achim Preiß, Stefan Germer (Hrsg.)	Giuseppe Terragni: 1904–1943; Moderne und Faschismus in Italien, München 1991
Hans-Joachim Schluchtmann	Architektur und Surrealismus – Tendenzen in der zeitgenössischen Architektur, Dortmund 1986
Hansgeorg Schmidt-Bergmann	Futurismus, Geschichte, Ästhetik, Dokumente, Reinbeck bei Hamburg 1993
Thomas L. Schumacher	Giuseppe Terragni, Surface and Symbol, Berlin 1991
Marzio Strassoldo	Da Torre di Zuino a Torviscosa, Torviscosa 1986
Francesco Reggiori	Una nuova città industriale, Torre di Zuino, Rassegna d'Architettura 1938
Wieland Schmied	De Chirico und sein Schatten, München 1989
Wieland Schmied, Alain Jouffroy, Maurizio Fagiolo dell'Arco, Domenico Porzio	De Chirico, Leben und Werk, München 1980
M. Schmitt	Die Eroberung einer Provinz, Littoria, in: Deutsche Bauzeitung, Heft 51, Berlin 18. 12. 1935, S. 1022–1032
Snia Viscosa (Hrsg.)	Torviscosa, Editrice Pan, Milano 1967
Bruno Zevi	Giuseppe Terragni, Zürich 1989

Adressen der realisierten Bauten

Como	Casa del Fascio (heute: Casa del Popolo) 1932–36, Piazza del Popolo, Como
	Albergo Posta, 1930–35, Via Garibaldi 2, Como
	Novocomum, 1927–29, Via G. Sinigaglia, Como
	Casa Giuliani-Frigerio, 1939–40, Viale Fratelli Rosselli, Como
	Casa Pedraglio, 1935–37, Via Mentana 6, Como
	Asilo Sant'Elia, 1936–37, Via A. Alciato Ecke Via dei Mille, Como
Umgebung von Como und Mailand	Casa del Floricultore, 1936–37, Via Padi 49, Rebbio
	Villa Bianca, 1936–37, SS 35 (Staatsstrasse Como–Lecco), Seveso
	Casa del Fascio (heute Casa Terragni), 1938–40, Piazza Vittorio Emmanuele, Lissone
Mailand	Casa Ghiringhelli, 1933–34, Piazzale Lagosta 2, Milano
	Casa Toninello 1933–34, Via Perasto 3, Milano
	Casa Lavezzari, 1934–35, Piazzale Morbegno 3, Milano
	Casa Rustici-Comolli, 1935–36, Via Pepe 32, Via Cola Montano 1, Milano
	Casa Rustici, 1933–35, Corso Sempione 36, Milano

Beteiligte der Hamburger Ausstellung

Konzeption und Realisation
Jörg Bornholdt, Jan Mollowitz

Modelle

Albergo Posta
Jörg Bornholdt, Jan Habermann

Casa Pedraglio
Michaela Kientopf, Andrea Scholz

Casa Toninello
Christina Holst, Kirstin Pugnat

Casa d'affito, Cernobbio
Andreas Gerlach, Isabelle Schatton

Casa Lavezzari
Axel Helberg, Anke Jürdens, Christian S. Roggenbuck

Casa del Fascio, Como
Vanessa v. Bihl, Michael Kauertz, Caya Matthies

Casa del Fascio, Lissone
Michael Kruse, Sören Meyer

Casa Ghiringhelli
Michael Gehrmann, Marc Lüders, Cristian Siegemund

Casa al Villagio
Paulos Dimetros, Melanie Luthje

Casa Rustici
Maike Carlsen, Fiona Krauss, Heinke Rutledge, Andreas Verfürth

Casa Giuliani-Frigerio
Dirk Landt, Frank Otto, Norbert Riedel

Casa Comolli-Rustici
Andre Kieker, Carsten Kruizenga, Till Speetzen

Casa sul lago per l'artista
Said Hashmad Mushrief, Henning Severmann

Kindergarten Sant'Elia
Matthis Baumhöfner, Dirk Weichseldörfer

Novocomum
Stephan Apel, Hagen Dorow, Maren Pfützenreuter, Philippa Strube

Palazzo Littorio
Volker Daniel, Dorit Labitzke, Lars Wortmann

Villa Bianca
Martin Link

Villa Lempiscka
Andre Blazei, Marina Bleßmann

Villa a Rebbio
Christian Fiedler

Villa al mar o sul lago
Sven Liebrecht, Jörg Thiel

Villa sul lago, 1936
Ralph M. Jeske, Mechthild Laumann

Danteum
Daniel Bäumler, Andreas Ehbrecht, Dirk Dera, Thomas Schäfer, Sören Vorpahl

Videoanimation
Jean Pommée, Benjamin Poppe

Grafische Leitung
Marc-Roman Busch, Sven Pfeiffer

Modelltische
Sabine Henkel, Marko Hoops, Astrid Kinzelbach, Mahdyar Nazempour, Oliver Schupp

Fotos & Druck
Wolfgang Kattelmann, Anne Reiche, Christian Schittek, Armin Völker

Internet
Kay Ehlers, Frank Otto

Dias, Bilder, Texte
Frederike Putz, Imke Siewert

Plakat, Einladung
Marc-Roman Busch, Anne Reiche

und
Christian Weck, Andreas Kiehn, Falko Weden, Björn Billerbeck,
Tanja Klar, Reiner Cords, Tim Rölke, Alexander Arlart,
Lars Bossemann, Stefan Riegmann, Christian Zieske, Andre Kieker

neben
Klaus-Peter Adamczik, Bernd Kritzmann, Jan Rettig, Volker Roscher,
Klaus Helbing, Ulrike Sauer, Eduard Malinowski, Harry Ludy,
Gunhild Kirchner, Rupert Sinhuber, Patrick Huguet, Josef Schumacher,
Wladimir Wittich, Joachim Draack

sowie
die Studierenden der drei Seminargruppen.

Bildnachweis
Architekturmodelle und Casa del Fascio, Como
Klaus Frahm

Danteum (Umgebungsmodell)
Heiner Leiska

Ausstellungselemente: Lampe, Tisch, Stuhl, Stempel
Studio Take

Hamburger Ausstellung (S. 15 b,c,d,e)
Jan Mollowitz

Bilder von Torviscosa
J. Christoph Bürkle

Sponsoren der Hamburger Ausstellung

Stefan L. Bank	Tischlerei Hamburg
Bro'han	Metalldesign Hamburg
Carstens & Partner	Immobilienmarketing Hamburg
Data Plot	Henstedt Ulzburg
Doka	Schalungstechnik GmbH Hamburg
Einbecker	Verpackung Einbeck
Einsath	Gerüstbau Hamburg
Essen KG	Immobilien Hamburg
Fachhochschule	Fachbereich Architektur Hamburg
Formula c/o Börgardts GmbH	Gipswerke Walkenried
K. Frahm	Fotograf Hamburg
Frank & Timmann	Holzhandel Ellerbeck
Friedrich & Partner	Architekten Hamburg, Düsseldorf
Gothaer	Versicherungen Hamburg
Hanse Copy	Hamburg
HVW	Hamburger Verkehrsmittel Werbung
D. Kasper	Architekt Hamburg
U. Kilian	Fotograf Hamburg
LBS	Bausparkasse Hamburg
Le Espresso	Espressomaschinen Hamburg
Objekte	Licht & Raum Hamburg
Putz & Partner	Unternehmensberatung Hamburg
Rattey	Seiltechnik Langenhagen
San Pellegrino	Getränke Mainz
Heinrich Schütt KG	Bauunternehmen Hamburg
Strabag AG	Bauunternehmen Hamburg
Sutor Stiftung	Hamburg
Take	Fotograf Hamburg
TK	Krankenkasse Hamburg
Veit Mahlmann & Partner	Design GmbH Hamburg
Weinland	Getränke Hamburg